KB143585

드림

하브루타
질문
놀이

하브루타
질문
놀이

**하브루타
질문
놀이**

초판 1쇄 발행 2017년 3월 3일
초판 2쇄 발행 2017년 5월 11일

지은이 이진숙

발행인 장상진
발행처 (주)경향비피
등록번호 제 2012-000228호
등록일자 2012년 7월 2일

주소 서울시 영등포구 양평동 2가 37-1번지 동아프라임밸리 507-508호
전화 1644-5613 | **팩스** 02) 304-5613

ⓒ 이진숙

ISBN 978-89-6952-156-9 04370
         978-89-6952-091-3 (SET)

· 값은 표지에 있습니다.
· 파본은 구입하신 서점에서 바꿔드립니다.

질문하고 놀면서 공부하는 수업 실천 사례
물음표를 느낌표로~

하브루타
〈질문
놀이〉

이진숙 지음

경향BP

물음표를 느낌표로 바꾸는 수업

"무슨 뜻이야?"

"아, 알았다!"

"어떻게 이런 생각을 했지‽"

물음표(?)를 던져 느낌표(!)로 바뀔 때 나오는 감탄의 소리, 바로 인터러뱅(Interobang)입니다. 인터러뱅(‽)은 질문을 통해 의문점을 해결하는 과정에서 아이들이 깜짝 놀랄 만한 해답을 찾았을 때, 물음표(?)가 동시에 느낌표(!)로 바뀌는 것이지요. '의구심과 놀라움'의 감정을 표현하는 '하브루타 질문 놀이' 수업 과정에서 자주 들을 수 있는 소리입니다.

저는 '하브루타'를 알기 전까지는 열심히 최선을 다해 가르치는 교육자라고 자부하며 살았습니다. 그런데 '하브루타'는 제게 열심히 가르치는 수업 방법에 대해 물음표를 던지게 하고, 교사의 정체성에 대해 다시 생각하게 하였습니다. 그래서 최근 몇 년 동안 '하브루타'를 통해 질문과 대화로 소통하는 수업에 집중했고, 질문으로 재미있게 놀면서 생각을 깊게 할 수 있는 '하브루타 질문 놀이'를 연구·개발하게 되었습니다.

'하브루타 질문 놀이' 수업 실천 사례를 나누는 과정에서 많은 선생님이 실천 사례 중심의 책이 없음을 아쉬워했고, 제가 체험한 생생한 경험을 책으로 써 줄 것을 제안했습니다. 저 또한 '하브루타'를 접하면서 중요성과 필요성에 대해 마음을 움직이는 책들은 많이 봐 왔지만 구체적인 수업 사례 중심의 참고문헌이 없어 수업에 적용하는 데 어려움이 있었기 때문에 이 부분을 보완할 수 있는 좋은 기회라는 생각이 들었습니다.

내적으로 조금씩 쌓아 온 암묵적 지식을 책갈피 사이사이에 넣는 일은 쉽지 않았습니다. 교실 안에서 직접 체험한 사례들을 체계적으로 정리하는 과정 또한 미흡한 면이 있었습니다. 하지만 한비야 씨의 "완벽한 지도(地圖)를 가져야 길을 떠날 수 있는 것은 아니다."라는 말에 부끄러움을 무릅쓰고 용기를 얻었습니다.

하브루타 수업 여행을 떠나기 위해 지도가 필요한 선생님이 있다면 많이 부족하고 미흡할지라도 그들에게 작은 보탬이 되고 응원의 메시지가 되기를 바라는 마음에서 하루하루 아이들과 질문하고 대화한 흔적을, 소박하지만 땀 흘려 실천한 사례 위주의 내용들로 엮었습니다. 그리고 많은 선생님이 각자의 수업에 관하여 끝없이 고민하고 성찰하며 계속해서 물음표를 다는 작은 일들이 결국은 수업의 혁신을 이루어 내고 있음을 보여 주고 싶었습니다.

우공이산(愚公移山)이라는 말이 있지요. 우공이 산을 옮긴다는 뜻입니다. 남이 보기엔 어리석은 일처럼 보이지만 불가능하다고 생각하는 과제

앞에서 굴하지 않고 정성을 다해 움직이는 노력이 위대한 일이라는 것이지요. 우리의 교실을, 학교를, 사회를, 세상을 움직이는 사람은 많이 알고 있는 사람이 아니라 정직하게 조금씩 손발을 움직여 인내의 삽질을 하는 사람들이라고 믿습니다.

수업에 대해 머리를 맞대고 함께 고민해 왔던 선생님들과 아낌없이 격려해 준 가족, 그리고 하나님께 감사의 마음을 올립니다.

이진숙

차 례

프롤로그
물음표를 느낌표로 바꾸는 수업 •5

CHAPTER

01

불편해서
물음표를 갖게 한 수업

01 궁금증이 없는 아이들 •15

02 생각하는 것이 귀찮은 아이들 •18

03 협력하는 것이 불편한 아이들 •21

04 수업의 구경꾼이라고 생각하는 아이들 •27

05 대물림 교육에 익숙한 교사들 •30

06 불편을 역전시킨 교사들 •33

CHAPTER

생각의 변화를 가져온 질문 놀이

01 질문으로 놀이를 한다? •37

02 궁금해하는 아이로 바꾸는 질문 놀이 •40

질문으로 읽기 •41

질문 노래 부르기 •45

질문 릴레이 •48

03 생각하는 아이로 바꾸는 질문 놀이 •52

질문 속담 놀이 •53

질문 꼬리잡기 •55

질문 사다리타기 놀이 •58

04 협력하는 아이로 바꾸는 질문 놀이 •61

질문 빙고 놀이 •62

질문 주사위 놀이 •64

질문 역할 놀이 •66

CHAPTER
03

하브루타 질문 놀이 수업을 위한 준비

01 하브루타를 하기 위한 자리 배치 •71

　1:1 짝 하브루타 •71

　1:3 모둠 하브루타 •73

02 하브루타 약속 정하기 •75

03 찾아가는 짝 하브루타 •77

04 효과적인 하브루타 협력 발표 •80

05 하브루타의 질문이 왜 중요한가? •83

　좋은 질문, 나쁜 질문이란 어떤 질문인가? •85

　교사는 질문을 어떻게 준비해야 할까? •91

　학생의 질문 만들기는 어떻게 이루어져야 할까? •106

06 하브루타 질문 놀이 수업 설계 및 교수·학습 과정안 작성 •111

　하브루타 질문 놀이 적용을 위한 교육 과정 재구성 •112

　하브루타 질문 놀이 수업의 설계 •114

　본시 교수·학습 과정안의 실제(예시) •115

07 하브루타 질문 놀이 수업의 학생 평가 •119

CHAPTER 04 하브루타 질문 놀이 수업의 실제

01 하브루타 질문 놀이 중심의 수업 사례 •131

독서 토론 중심의 하브루타 질문 빙고 놀이 수업(4학년, 국어) •131

전래 동화를 통한 하브루타 질문 역할 놀이 수업(1학년, 창체) •141

'짝에게 이야기하기'를 위한 단어 쓰기의 실제 •146

02 하브루타 융합 수업 연구 사례 •149

예술 작품에 관한 하브루타 감상 수업(국어, 미술과 융합 수업) •149

딜레마 해결을 위한 하브루타 대화 수업(도덕, 국어과 융합 수업) •157

수업 성찰을 통해 밝아지는 감식안 •160

03 하브루타 공동 수업 연구 사례 •163

도란도란 하브루타 수업 이야기(1학년, 국어) •163

사회과 토론 중심 하브루타 수업(4학년, 사회) •172

04 하브루타 환경 수업 연구 사례 •181

05 동화책을 활용한 하브루타 인성 교육 연구 사례 •194

협동을 미덕으로 한 질문 빙고 놀이 수업 •194

나눔을 미덕으로 한 질문 꼬리잡기 놀이 수업 •200

정직을 미덕으로 한 질문 주사위놀이 수업 •205

CHAPTER 05 하브루타 수업 공동체 운영 사례

01 하브루타 인성 교육 동아리 활동 사례 •213

    하브루타 인성 교육 동아리 운영 개요 •213

    하브루타 인성 교육 동아리 회원들의 연구 결과 •216

    하브루타 인성 교육 동아리 활동 후기 •222

02 하브루타 전문적 학습 공동체 운영 사례 •225

    하브루타 전문적 학습 공동체 운영 개요 •225

    하브루타 전문적 학습 공동체 활동 후기 •229

03 하브루타 수업 공개와 수업 대화(협의회) 사례 •231

    하브루타 수업 공개 •231

    하브루타 수업 대화(협의회) 사례 •235

04 하브루타 수업 공동체의 실천 방향 •241

    나에게 '하브루타 질문 놀이' 수업이란? •241

    '하브루타 질문 놀이' 수업에 대한 교사의 노력 •243

에필로그

앎을 삶으로 바꾸는 수업 문화 •246

참고문헌 •249

CHAPTER 01

불편해서
물음표를 갖게 한 수업

01
궁금증이 없는
아이들

S1 : 선생님, 질문을 꼭 만들어야 해요?

T : 그럼요. 궁금한 것이 있으면 만들어 보아요.

S1 : 궁금한 것이 하나도 없는데요.

S2 : 맞아요. 저도 궁금한 것이 없어요.

S3 : 저도요.

T : …

몇 년 전 하브루타에 관심을 가지고 수업에 적용할 때, 처음으로 부딪친 어려움이 바로 "궁금한 것이 없어도 질문을 만들어야 하는가?"였다.

아이들은 텍스트를 읽고 궁금한 것이 전혀 없다고 했다. 텍스트를 접했을 때 자연스럽게 호기심이 생기고 궁금하면 질문을 하겠지만 궁금한 것도 없는데 억지로 질문을 만들어야 하니까 힘들다고 했다.

이러한 아이들의 태도에 불편하기는 나도 마찬가지였다. 왜 아이들은 궁금한 것이 없을까? 나는 그것이 궁금해지기 시작했다. 그래서 아이들 입장에서 생각을 해 보니 지금껏 아이들은 질문을 만들어 본 경험이 없었다는 결론이 나왔다. 주로 교과서나 참고서의 문제에 대해 답을 쓰고, 선생님의 질문에 대답을 하고, 시험지 문제에 정답을 써 왔던 아이들에게 질문을 만들라고 하니 얼마나 황당한 요구란 말인가?

궁금한 것이 하나도 없는데 질문을 만들어야 하는 아이들이나 어떻게든 질문을 만들기를 바라는 나나 불편한 마음은 마찬가지였다.

아이들은 텍스트에 대한 궁금증이 없어도 학습하는 데 큰 지장이 없다. 아니, 오히려 궁금증을 가지고 질문하는 것이 더 부담스럽고 힘들다고 했다. 우리나라 대부분의 수업은 초등학교부터 대학교까지 학생이 질문을 많이 하도록 권장하는 수업 문화가 아니다. 오히려 질문을 많이 하는 아이를 '나댄다. 잘난 척 한다. 수업에 방해가 된다. 눈치가 없다.'며 질문을 못하는 분위기를 만들어 낸다. 물론 나 또한 질문을 만든 세대가 아니라 질문에 답만 해 오던 세대라서 질문 중심의 하브루타를 만날 때 참으로 낯설고 받아들이는 데 적지 않은 시간이 걸렸다.

비단 질문을 꺼리는 것이 학교 수업에서만 있는 일은 아닐 것이다. 이상하게도 우리나라는 어른들한테 꼬치꼬치 질문하는 것을 예의 없다고 생각해 왔다. 특히 어른들 말씀에 끼어들어 질문하는 아이는 버릇없는 아이가 되고 만다. 아랫사람이 윗사람한테 질문을 하도록 허용하는 문화가 아니고 그 반대이다 보니 어느새 질문도 사라지고 궁금증도 가질 필요가 없었던 것은 아니었을까?

교과서 텍스트를 읽고 곧바로 질문을 만들어 보라고 했던 나의 섣부른 욕심이 아이들을 불편하게 하고 부담스러운 수업 시간으로 만들어 버렸음을 깨달았다.

'애들아 미안해. 선생님이 좀 더 너희들의 입장을 이해했어야 했는데….'

'질문을 만드는 방법보다 더 중요한 것이 바로 궁금증이 생기게 하는 일인 걸 이제야 알았구나.'

02
생각하는 것이 귀찮은 아이들

T : 왜 그렇게 생각해?

S : 그냥이요.

T : 한 번 더 생각하고 말해 줄 수 있니?

S : 아. 그냥 선생님이 답을 알려 주세요.

수업 시간에 흔히 오가는 교사와 학생의 수업 대화이다. 아이들은 깊이 생각하는 것 자체를 매우 싫어한다. 좀 더 생각해 보라고 하면 고개를 절레절레 흔든다. 이유를 물어봐도 "그냥이요." 자신의 생각을 물어봐도 "그냥이요." 더 이상 생각하고 싶지 않으니 질문하지 말아 달라는 뜻이다. 아이들은 왜 생각하기가 귀찮을까?

우리가 어릴 때부터 받아 온 교육은 자신의 생각과 감정을 표현하기보다는 다른 사람의 의견을 경청하도록 권장하는 'in put' 위주의 방법이었다. 그래서 듣는 것 중심의 주입식, 강의식 수업에 익숙하다.

KBS 제작팀에서 만든 「공부하는 인간」에 의하면, 우리 교육에 깊은 뿌리를 내리고 있는 유교사상은 지식이 세상 밖에 존재한다고 생각했고, 그 지식을 습득하는 것을 공부의 궁극적인 목표로 삼았다고 한다. 그래서 자신보다 먼저 공부해서 지식을 많이 알고 있는 사람, 이를테면 스승이 가르치는 지식을 최대한 많이 습득하기 위해 개인적인 견해로 질문을 하거나 가르치는 내용을 제대로 이해하기도 전에 의문을 제기하고 논쟁을 벌이는 것을 부적절하다고 보았다는 것이다. 그래서 그럴까?

한 예로 EBS 다큐 프라임 「서울대 A+의 조건」이라는 내용을 보면 성적이 우수한 A+를 받는 학생의 공부 방법은 수업 시간에 교수의 강의를 토시 하나 틀리지 않고 모조리 받아 적거나(농담까지도~) 녹음을 그대로 했다가 수업 내용을 받아쓰기한 후 그대로 외워 시험에서 써 내는 수동적인 방법이라는 것이다. 반면에 남들과 다르게 생각하고 친구들과 토의·토론하는 것을 좋아하며 모르는 것이 나오면 질문을 하는 학생의 성적은 평점 2.6점으로 거의 낙제점이라고 한다.

이런 현실은 대학교에서만 일어나는 일은 아니다. 우리나라의 학생들은 어릴 때부터 비판적인 사고나 능동적인 사고를 할 수 있는 교육 환경이 아니라서 지적인 권위에 도전하는 질문이나 반론 자체를 부담스러워하고 불편하게 여겨 왔다. 아이들이 텍스트에 대한 이해, 암기 위주의 질문에 대해 정답만을 생각해 왔기 때문에 해답을 찾기 위해 깊이 생각하거나 다양하게 생각해야 할 필요성을 느끼지 못했고 해답을 찾는 질문 자체를 불편하고 부담스럽게 여겼던 것은 아니었을까?

"이제까지 누구도 묻지 않은 질문을 던져야 이제까지 열리지 않은 문이 열린다.(A question not asked is a door not opened.)"는 말이 있다. 문이 열리지 않는 이유는 문 여는 방법을 몰라서가 아니고 문이 열리지 않음에 대한 질문을 던지지 않았기 때문이라는 것이다. 아이들의 생각을 고정시키고 더 이상 깊이 생각하고 싶지 않은 생각, 바로 그 지금까지의 생각에 질문을 던져 변화를 꾀해야 한다. 그러기 위해서는 교사인 나부터 생각 서랍장에 오랫동안 보관했던 편견과 선입견, 고정관념들을 꺼내서 물음표를 달아야 한다.

03
협력하는 것이 불편한 아이들

S : 선생님, 저 짝 바꾸어 주세요.

T : 왜, 무슨 일 있니?

S : ㅇㅇ와 앉으면 내용을 설명해 줘야 하잖아요.

T : ㅇㅇ에게 설명해 주는 것이 힘드니?

S : 힘들지는 않지만….

T : 그럼, 다시 짝을 바꿀 때까지 ㅇㅇ와 앉으면 좋겠구나.

S : 네.

며칠 후 선생님께 짝을 바꾸어 달라고 했던 아이의 어머니가 찾아와 다시 짝을 바꾸어 달라고 담임교사한테 요청했다.

> M : 선생님, 우리 아이가 짝을 바꾸어 달라고 했는데 왜 안 바꾸어 주시나요?
>
> T : 네, 다시 짝을 바꿀 때까지 앉기로 했어요.
>
> M : 우리 아이가 ○○에게 자꾸 설명을 해 준다는데, 그럼 우리 아이가 공부할 시간을 뺏기는 것 아닌가요?
>
> T : 아, 어머니 그렇지 않아요. 오히려 △△에게 도움이 되는 걸요.
>
> M : 아니, 무슨 말씀이세요?

담임교사의 대답에 의아했던 △△의 어머니는 담임교사의 설명을 듣고 처음의 차가운 표정과 달리 감사의 인사를 했다. △△의 어머니는 담임교사에게 어떤 설명을 들은 걸까? 바로 미국행동과학연구소에서 발표한 학습 피라미드에서 보여 준 바와 같이 '다른 사람 가르치기(teaching athers)' 방법이 최고의 공부 방법임을 알게 된 것이다. 또한 담임교사가 수업에서 잘 활용하는 하브루타 모형 중 '친구 가르치기' 방법을 통해서 ○○에게 설명하는 △△가 학습 내용을 90% 이상 기억하기 때문에 ○○에게도 도움되고 △△에게도 유익한 윈-윈의 협력 관계임을 알고 안심할 수 있었던 것이다.

이 사례처럼 공부를 잘하는 아이와 못하는 아이가 짝이 되면 공부를 잘하는 아이가 손해를 본다는 생각을 가지고 있는 학부모와 학생이 많다. 아울러 공부를 못하는 아이는 짝의 눈치를 보며 주눅이 들고 항상 미안한 마음을 가지게 된다. 이런 친구 관계에서의 협력 수업은 의미가 없다. 공부 못하는 짝 때문에 손해 본다는 생각, 자기 때문에 짝이 공부를 못하게 될 수 있다는 피해의식부터 없애야 한다.

하브루타 수업은 서로에게 도움이 되는 공부 방법이기도 하지만 짝에게 고마운 마음이 생기고 서로 협력을 통해 친구 관계가 돈독해질 수 있음을 학부모와 학생들이 알았으면 좋겠다.

S : 선생님, 모둠활동하기 싫어요.

T : 왜 싫으니?

S : ○○가 자꾸 저한테 잘 못한다고 화를 내요.

T : ○○가 화 낼 만큼 열심히 안 했니?

S : 아니요. 저는 할 만큼 했는데요.

최근에 소통하고 공감하는 역량이 중요해지면서 교실에서도 협동, 협력 학습이 많이 이루어지고 있다. 그런데 모여서 활동을 하다 보면 혼자서 활동할 때는 별 문제가 없던 아이도 불평, 불만을 쏟아내는 경우가 종종 있다. 마음이 맞지 않는 친구와 같은 모둠이 되거나, 서로 하고 싶은 걸 하겠다고 양보하지 않는 등 이유는 각양각색이다. 자기 자신을 최우선, 최고로 생각하는 아이들을 달래면서 모둠에서의 원만한 활동을 유도하기 위해 교사들은 매번 진땀을 빼곤 한다.

친구에 대한 불평, 불만이 있음에도 불구하고 아이들만 모둠으로 구성해서 활동한다고 협력 학습은 아니다. 오히려 협력 학습으로 인해 친구와 다투거나 마음이 상하면 협력 학습을 할 의미가 없다. 진정한 협력 학습은 친구를 생각하고 배려하려는 마음, 친구가 고마운 마음, 친구와 함께 공부하고 싶은 마음이 우선 형성되어야 한다. 즉 아이들 상호간에 래포(rapport) 형성이 우선되어야 한다. 래포가 형성된 관계에서는 이해하고 배려하고 참아야 한다는 생각 때문에 상대방의 언행이 마음에 들지 않아도 드러내 놓고 불평과 불만을 표현하지 않는다.

그렇다면 래포를 형성하는 좋은 방법은 무엇인가? 나의 경험에 의하면 '질문'에 그 해답이 있다. 상대방에 대한 질문은 관심의 표현이고 친해지고 싶은 마음이며 대화의 시작이다. 평소에 아이들은 자신이 좋아하는 친구 외에 다른 친구에게는 질문을 해 본 적이 거의 없다. 질문이 없으면 대화도 없고, 래포도 형성될 수 없기 때문에 불평과 불만이 쉽게 노출될 수밖에 없다.

그러므로 협력 학습을 하기 전에 먼저 좋아하는 것, 가족에 관련된 것, 관심 있는 것 등 대화를 편하게 할 수 있는 질문으로 시작해 보자. 서로 어색한 아이들도 금방 얼굴 표정이 달라지는 것을 느낄 수 있다.

나는 아이들의 수업 분위기가 가라앉았을 때 쉽고 재미있는 질문을 주고 짝과 함께 대화하게 한다. 그러면 잠시 후 곳곳에서 들려오는 아이들의 웃음소리로 교실 분위기는 훈훈하게 바뀐다. 이런 방법으로 짝을 자주 바꾸어 질문으로 대화를 시작하면 아이들의 관계는 금방 좋아지고 어려운 도전 과제로 협력 학습을 하더라도 불평 없이 잘 해결하려는 모습을 엿볼 수 있다.

T : 짝에게 질문해 보아요. '네가 가장 좋아하는 음식은 뭐니?'

S1 : 네가 가장 좋아하는 음식은 뭐니?

S2 : 나는 피자를 좋아해.

S1 : 어~ 나도 피자를 좋아하는데. 넌 무슨 피자를 제일 좋아하니?

S2 : 나는 치즈가 듬뿍 들어간 피자를 좋아해. 너는?

S1 : 나는 고기를 좋아해서 불고기 피자를 좋아해(웃음).

S2 : 피자 말고 또 좋아하는 음식이 있니?

S1 : 떡볶이를 좋아해.

S2 : 왜 떡볶이를 좋아하니?

S1 : 떡이 쫄깃하고 양념이 매콤해서 맛있어.

S2 : 나도 매콤한 맛을 좋아하는데~ 매콤한 걸 먹으면 스트레스가 확 풀리는 것
    같지 않니?

S1 : 맞아, 맞아 스트레스 한 방에 날아가~.

S1,S2 : ^^(웃음)

다음은 아이들에게 질문을 통해 친구와의 배려, 관심을 표현할 수 있
는 방법을 전하고 싶어 들려주는 자작시이다.

질문에 대한 감사

'오늘은 어떤 일이 있을까?'

질문으로 하루를 시작하면

하루가 기대됩니다.

집을 나서는

발걸음이 가볍습니다.

"피곤해 보이는데 잠을 못 잤니?"
만나는 친구,
질문으로 인사를
질문으로 대화를 시작하면
마음이 따뜻해져 옵니다.

'왜 그랬을까?'
질문으로 일기를 쓰다 보면
이해가 됩니다.
용서가 됩니다.
마음이 커집니다.

질문은
나를 키우는 힘,
나를 변하게 하는 이름입니다.

'질문아, 고마워!'

04
수업의 구경꾼이라고
생각하는 아이들

T : 수업의 주인공은 누구일까요?

S : 선생님이요~

T : 정말? 그럼 여러분은 누구죠?

S1 : 음… 엑스트라?

S2 : 구경꾼?

T : ?

아이들에게 수업의 주인공이 누구냐고 물으면 "선생님이요." 이구동 성으로 말하던 때가 있었다. 대부분의 아이는 수업의 주인공은 선생님과 발표 잘하는 아이이고, 나머지 아이들은 공부 잘하는 아이의 조연으로서 수업을 구경하는 관객, 즉 구경꾼으로 생각하는 것이다. 이는 선생님은 수업을 주도하는 역할, 즉 주인공처럼 말도 많고 움직임도 많은 반면, 아이들은 대사도 적고 움직임도 적었다는 것을 시사한다.

아이들의 말처럼 지난 교직생활을 되돌아보니 수업의 주인공은 주로 교사였다. 가르치기 위해 질문하고, 설명하고, 반응하고, 안내하고, 훈계하고, 평가하고….

결국 그러한 노력은 아이들에게 가르침의 열정이라는 이름으로 아이들을 조연, 구경꾼의 역할밖에 할 수 없게 만들었다. 그러고는 끝없이 '교사인 나는 이렇게 열심히 가르치는데 왜 아이들은 배우려는 노력이 부족한 걸까?'라며 배움이 일어나지 않는 이유를 아이들의 노력 부족 탓으로만 여겼다.

가르친다는 것은 답을 알고 있는 사람이 모르는 사람에게 자신이 이미 알고 있는 지식이나 이전의 경험에 비추어 이렇게 또는 저렇게 하라고 지도한다는 의미이다. 그런데 답이 존재하지 않는 상황에서의 가르치는 행위는 무의미하다. 이런 상황에서 우리가 할 수 있는 유일한 길은 질문 던지기일 것이다. 주어진 상황에 대해 의문을 품고 질문을 던지면서 다양한 가능성을 생각하고 모색하는 길을 고민해야 한다.

　　　　　　　　　　　　　　　　　-유영만,『생각지도 못한 생각지도』

하지만 요즘은 다르다. 대부분의 교사가 수업의 변화에 발맞추어 가르침에 대한 본질을 고민하고 있다. 아울러 교사는 조연으로, 때로는 구경꾼으로서 학생을 주인공으로 세우고 주인공이 더 잘 빛날 수 있도록 돕는다. 교사와 학생의 역전된 역할을 통해 가르침과 배움의 방향에 물음표를 던져 본다.

잘(유창하게) 가르칠 것인가? / 잘(제대로) 가르칠 것인가?
잘(뛰어나게) 배울 것인가? / 잘(옳고 바르게) 배울 것인가?

05
대물림 교육에 익숙한
교사들

T1 : 아이들의 설명을 들으려면 참을성이 많아야 해요. 차라리 제가 설명해 주는 것
　　이 편하지요.

T2 : 아이들의 말에 귀 기울여 주는 것, 정말 힘들어요. 아이들의 말에 경청만 잘해
　　도 훌륭한 선생님이 될 것 같아요.

T3 : 아이들에게 토론 수업을 하려니까 제가 불편하고 부담이 돼요.

T4 : 아이들에게 질문의 기회를 많이 주어야 하는데 생각만큼 쉽지 않아요.

T5 : 아이들의 배움을 먼저 생각해야 하는데 자꾸 제가 가르쳐야 할 것만 생각하게
　　돼요.

T6 : 아이들이 서로 질문하고 대화하는데 잘하고 있는지 불안해요.

T7 : 아이들이 떠들썩하게 말하는 것보다 조용해야 제 마음이 편해요.

T8 : 아이들이 질문하면 다른 아이한테 대답할 기회를 주어야 하는데 자꾸 제가
　　불쑥 대답을 해요. 질문하고 대답하는 오랜 습관을 고치기가 어렵네요.

　언젠가 학생 중심의 하브루타 수업에 대해서 교사들과 이야기를 나누었을 때 교사들이 불편했던 경험을 털어 놓았다. 그러면서 학생들이 질문하고 설명하게 하는 수업이 불편하다며 차라리 수업 내용을 교사 자신이 설명하고 강의하는 것이 편하고 익숙하다고 했다. 학습자 중심 수업, 배움 중심 수업이 주를 이루면서 교사들은 저마다 수업의 주도권을 아이들에게 돌려주는 노력을 하며, 자신은 수업의 안내자·조력자 역할을 하려고 하는데 그 역할을 어떻게 해야 잘할 수 있는지 고민된다고 했다.

　한마디로 말하자면 가르침 수업에서 배움 수업으로의 전환은 교사 자신들도 경험해 보지 못한 수업이고, 학창 시절에 자신들은 주로 선생님 주도의 수업 문화에만 익숙하기 때문에 지금의 변화가 불편하고 어색하다는 것이었다.

　자기가 경험해 보지 못한 것을 이론적으로만 알고 행했을 때는 심적인 부담이 아주 크다. 지금껏 자신이 경험했던 수업은 가르침 중심의 수업, 교사 중심의 수업이 대부분이었기 때문에 자신의 선생님이 하신 방식대로 그대로 답습하는 것이 편하고 익숙하다. 교육의 대물림 현상이다.

　내 경험으로 보더라도 토의·토론식 대화 수업을 하기 위해 토의·토론에 관련된 책을 많이 읽고 연수도 정말 많이 했다. 그러나 막상 수업에 적용하는 일은 쉽지 않았다. 이론대로 적용하려니 생각대로 되지 않아 불

편했고 부담스러웠다. 아이들이 내 생각대로 잘 말해 주면 성공한 수업이고 의도와 다르게 말하면 실패한 수업이라는 생각이 들었다. 아마도 학창시절에 토의·토론식의 대화 수업을 많이 해 보았더라면 교사가 되어서도 아이들에게 자연스럽고 불편하지 않게 했을 텐데 처음에는 그러지 못했다.

결국 토론 현장에 직접 참여한 체험이 바탕이 된 후에야 토론 수업이 자연스러워지고, 학습자 중심의 수업은 교사의 수업에 대한 방법이나 기술보다는 소통과 공감의 경험이 더 중요함을 알게 되었다.

아이들이 쥐 죽은 듯 조용하게 교사의 설명을 듣고 열심히 받아 적으면 배움이 잘 일어난다는 것이 착각임을 깨닫는 순간 교사들은 무척 혼란스러울 것이다. 왜냐하면 자신의 수업관, 수업철학을 새롭게 세워야 하며 자신이 받아 왔던 수업 방법과 수업 문화를 변화시켜야 대물림 교육이 바뀌게 되는 만만찮은 일이기 때문이다. 그러나 이미 거대한 물결의 흐름이 바뀌고 있다. 아이들에게는 새로운 수업 문화의 대물림을 이어주기 위해 불편을 감수하고 혼란을 이겨내는 선생님이 많기 때문이다.

06
불편을 역전시킨
교사들

수석교사가 된 이후 몇 년 동안 많은 선생님을 만났다. 내가 만난 선생님들은 하나같이 학습자 중심의 수업, 배움 중심의 수업을 위해 많은 고민을 하고 있었다. 변화하는 수업 문화의 혼란과 불편 속에서 지쳐 포기할 수도 있으련만 교사인 자신이 위치해야 할 정확한 지점을 찾기 위해 무던히 애를 썼다.

교사가 어디에 있는가는 아주 중요한 일이다. 물리적인 위치로 본다면 '교실의 앞에 있어야 하는가, 아이들 옆에 나란히 있어야 하는가, 뒤에서 아이들을 보고 있어야 하는가?' 내 생각은 항상 그런 것은 아니지만 선생님이 대부분의 시간을 아이들 무리 속에 있었으면 한다. 앞에만 있으면 아이들을 끌고 갈 우려가 있고, 옆에만 있으면 아이들이 보이지 않고, 뒤에만 있으면 아이들을 밀고 재촉하기 쉽기 때문이다. 아이들 무리 속에 있으면 그들의 소리를 듣기 쉽고 한 명 한 명의 활동에 함께 참여하기 쉬워지지 않을까?

심적인 위치로 본다면 교사는 누구의 마음속에 있어야 할까? 바로 아이들의 마음속에 있어야 한다. 이는 당연한 것이지만 때로는 쉽지 않을 수도 있다. 자신도 모르게 관리자의 마음속에 있기를 바랄 수도 있고 동료교사의 마음속에, 또는 학부모의 마음속에 있을 수도 있기 때문이다. 아이들이 아닌 다른 사람의 마음속에 남아 있는 교사는 아이들에게 기억되는 선생님, 아이들이 추억하는 선생님이 되기 어렵다. 나의 경험을 생각해 보더라도 지금까지 내가 추억하는 선생님, 내 삶에 영향을 준 선생님들은 모두 아이였던 나의 마음에 계신 분들이다.

학습자 중심, 배움 중심 수업으로의 변화는 학생 한 명 한 명과 교사가 신뢰 관계를 맺는 일, 일방통행이었던 길을 쌍방 소통으로 아이들과 대화하며 교실 분위기를 바꾸어 가는 일, 경험이 없어 불편하고 부담스러워도 아이들과 함께라면 그 불편을 송두리째 감당하는 일, 질문을 직접 만들어 보고 대화하고 토론해 보면서 몸소 소통을 체험하는 일, 학생을 주인공으로 세우기 위해 묵묵히 조력하며 응원하는 일, 변화되는 대물림 교육을 통해 교육의 본질을 다시 세우는 일이다.

오늘도 나비의 작은 날갯짓과 같은 교사들의 움직임이 어느 교실에선가 시작될 것이다. 이것이 나비 효과를 일으켜 학교와 사회, 세상을 변화시키는 가장 정직한 힘, 가장 희망적인 일임을 믿어 의심치 않는다.

CHAPTER 02

생각의 변화를 가져온
질문 놀이

01
질문으로
놀이를 한다?

T : 지금부터 질문 놀이를 시작할 거예요.

S1 : 질문 놀이가 뭐예요?

S2 : 질문으로 놀이를 할 수가 있어요?

S3 : 질문 놀이는 한 번도 해 본 적이 없는데요?

S4 : 질문 놀이는 재미있나요?

질문으로 놀이를 한다고 하면 대부분의 아이는 눈을 동그랗게 뜨고 한 번도 해 본 적도 없고 들어 본 적도 없다는 반응을 보인다. 더군다나 놀이를 하는 가장 큰 이유는 재미로 인한 즐거움 때문인데 과연 질문으로 재미있게 놀 수 있을까 하며 기대 반 우려 반을 나타낸다.

하브루타 수업을 시작하면서 궁금증이 없는 아이들에게 질문을 만들게 하거나, 깊이 있게 대화를 잘하지 못하는 아이들에게 무조건 잘하라고 하는 것은 무리가 있다는 것을 알게 되었다. 그래서 재미있게 놀면서 궁금증이 생기고 질문으로 이어지는 내적 동기유발을 할 수 있는 방법이 없을까 궁리하게 되었고, 결국은 질문과 놀이의 조합을 생각하게 되었다.

질문과 놀이의 조합은 도입(동기) 하브루타 과정에서 활용하거나, 많은 질문 중 몇 가지의 질문을 선정할 때 또는 깊은 대화를 할 때 활용하면 의미가 있겠다는 생각을 했다. 하지만 문제는 질문을 어떻게 놀이로 하느냐였다. 이 문제를 해결하기 위해 놀이와 관련된 책을 찾아보고 초등 교과서들을 다시 살피면서 연결고리를 발견하게 되었고, 질문 놀이를 만들어 수업에 적용하게 되었다.

아이들은 하브루타 수업 중에서도 친구와 함께 새로운 질문 놀이를 할 때 가장 즐겁고 시간 가는 줄 모른다고 말한다. 아울러 학부모들은 요즘의 아이들은 스마트폰이나 컴퓨터로 혼자 노는 것이 익숙한데 가족과 함께 질문 놀이를 할 수 있어서 좋다고 말한다. 질문 놀이를 하며 친구나 가족이 함께 어울려 놀다 보면 남을 배려하는 마음을 갖게 되고, 규칙을 스스로 정하면서 참는 것도 배우고, 협력을 통해 소통하는 경험이 도덕적인 감각을 키워 아이의 인성까지 바꿀 수 있다.

놀이는 성패를 따질 수 없으며 결과를 설명해야 할 필요도 없고 의무적으로 수행해야 할 과제도 아니다. 그러나 놀이에 고유한 목적이 존재하지 않는다고 해서 그 놀이의 결과가 단순히 즐거움을 유발하는 차원을 넘어서 차후에 어떤 좋은 목적에 쓰일 수도 있다는 가능성을 부정하는 것은 아니다. 놀이는 우리에게 본능적인 느낌과 정서, 직관, 쾌락을 선사하여 창조적인 통찰이 나오도록 만든다.

-로버트 루트번스타인 · 미셸 루트번스타인, 『생각의 탄생』

02
궁금해하는 아이로 바꾸는
질문 놀이

　궁금한 것이 없어서 질문을 만들지도 못하고, 질문을 할 수도 없는 아이들에게 '무조건 질문을 만들어라, 질문은 몇 개 이상 만들어라, 왜 질문을 안 하니?' 하고 다그쳐서는 해결할 수 없다는 것을 깨달았다. 무엇보다도 아이들에게는 호기심과 궁금증을 가지게 하는 일이 우선되어야 한다는 것을 알게 되었다. 그래서 궁금증을 유발시켜 호기심 많은 아이로 변화시킬 수 있는 질문 놀이를 연구·개발하였다. 지금부터 그 사례를 소개하고자 한다.

　궁금해하는 아이로 변하는 이 질문 놀이는 쉽고 재미있게 모든 학년, 모든 교과 수업에 적용이 가능하다. 특히 질문 노래 부르기는 동기유발

부분이나 수업 분위기를 전환하고 싶을 때 적용하면 효과가 크다.

질문으로 읽기

교과서나 동화책의 서술형 문장을 의문형 문장으로 바꾸어 읽는 방법이다. 『하브루타 질문 수업』에서 '교과서의 문장 까 바꾸기'로 간단히 소개한 바 있는 내용을 응용하여 실제 수업에 적용한 사례는 다음과 같다.

3학년 국어 교과서에 나오는 지문을 질문하듯이 바꾸어 읽어 보자.

엘리자베스는 아름다운 **공주였습니다.**

엘리자베스 공주는 성에서 살고 있었는데,

그 성에는 비싸고 좋은 옷이 **많았습니다.**

공주는 로널드 왕자와

결혼하여 행복하게 살 **참이었습니다.**

엘리자베스는 아름다운 **공주였습니까?**

엘리자베스 공주는 성에서 살고 있었는데,

그 성에는 비싸고 좋은 옷이 **많았습니까?**

공주는 로널드 왕자와

결혼하여 행복하게 살 **참이었습니까?**

1. '엘리자베스는 아름다운 공주였습니까?'라고 읽으니 '정말 아름다운 공주였을까?' 하는 궁금증이 생겨요. 그리고 '아름다운 공주란 외모만 아름다운 것일까? 마음까지 고왔을까?' 하는 질문이 생겨요.(3학년, 김○○)

2. '결혼하여 행복하게 살 참이었습니까?'라고 읽으니 행복하게 살았다는 것인지, 생각처럼 행복하지 않았다는 것인지 뒷이야기가 궁금해져요. 그리고 행복하게 산다는 것은 어떻게 사는 것이지 궁금해져요.(3학년, 최○○)

3. 책 읽는 게 재미있어요. 그리고 신기해서 자꾸만 읽고 싶어져요.(3학년, 강○○)

4학년 국어 교과서의 지문을 질문하듯이 바꾸어 읽어 보자.

봉선화 씨앗은 까만 구슬알갱이 **모양입니다.**

참외 씨앗은 갸름한 **타원형입니다.**

그리고 도깨비바늘의 씨앗은 끝에 고리가 달린 가시 **모양입니다.**

이처럼 씨앗의 모양은 **여러 가지입니다.**

봉선화 씨앗은 까만 구슬알갱이 **모양입니까?**

참외 씨앗은 갸름한 **타원형입니까?**

그리고 도깨비바늘의 씨앗은 끝에 고리가 달린 가시 **모양입니까?**

이처럼 씨앗의 모양은 **여러 가지입니까?**

| 학생들의 반응 |

1. 질문으로 읽으니까 봉선화씨앗, 참외씨앗, 도깨비바늘씨앗의 생김새가 궁
   금해서 실제로 보고 싶어져요.(4학년, 박○○)

2. 질문으로 읽으니까 하나의 문장이 바로 질문이 되었어요.
   '이처럼 씨앗의 모양은 여러 가지입니까?'처럼요.(4학년, 이○○)

3. 질문으로 읽으니까 질문하기가 훨씬 쉬워졌어요.(4학년, 고○○)

4. 질문으로 읽으니까 대답도 하고 싶어져요.
   씨앗의 모양은 여러 가지입니까? 네 여러 가지입니다.
   봉선화씨앗처럼 구슬알갱이모양, 참외씨앗처럼 갸름한 타원형모양,
   도깨비바늘처럼 가시모양이 있습니다.(4학년, 최○○)

6학년 국어 교과서에 나오는 시(詩)를 질문하듯이 바꾸어 읽어 보자.

〈혀 밑에 도끼〉

　　　　　　　　이정환

혀 아래 도끼 들었단 말

들어 본 일 있나요?

남을 자꾸 헐뜯는 사람들의

혓바닥 아랜

도끼가 숨겨져 **있대요.**

서슬 푸른 **쇠도끼.**

〈혀 밑에 도끼〉

이정환

혀 아래 도끼 들었단 말

들어 본 일 있나요?

남을 자꾸 헐뜯는 사람들의

혓바닥 아랜

도끼가 숨겨져 **있대요?**

서슬 푸른 **쇠도끼?**

▌학생들의 반응 ▌

1. 질문으로 읽으니까 혀 밑에 도끼가 숨겨져 있다는 뜻이 무엇인지 더욱 궁금해져요.(6학년, 김○○)

2. 시를 질문으로 읽으니까 시인이 왜 이 시를 썼는지 물어보고 싶어요.(6학년, 강○○)

3. 시를 질문으로 읽으니까 마치 제가 시를 쓴 시인한테 질문하는 것 같아요.(6학년, 우○○)

4. 질문으로 읽으니까 또 다른 질문이 생겨요.(6학년, 박○○)

5. 질문으로 시를 읽으니까 시인한테 다시 되물어보고 싶고 시인과 말하는 것 같아요. 남을 자꾸 헐뜯는 사람들의 혓바닥 아랜 도끼가 숨겨져 있대요? 아, 정말이요? 어떤 도끼가요? 서슬 푸른 쇠도끼가요?

   무섭네요. 말조심을 해야 한다는 거죠? 앞으로 욕을 하거나 남을 헐뜯지 말아야겠어요.(6학년, 한○○)

질문 노래 부르기

동요나 교과서의 노래를 의문형으로 바꾸어 부르는 방법이다. 우리가 알고 있는 동요를 질문하듯이 바꾸어 불러 보자.

〈퐁당 퐁당〉

퐁당퐁당 돌을 **던지자**

누나 몰래 돌을 **던지자**

냇물아 **퍼져라** 널리널리 **퍼져라**

건너편에 앉아서 나물을 씻는

우리 누나 손등을 간질여 **주어라**

〈퐁당 퐁당〉

퐁당퐁당 돌을 **던질까**

누나 몰래 돌을 **던질까**

냇물아 **퍼질까** 널리널리 **퍼질까**

건너편에 앉아서 나물을 씻는

우리 누나 손등을 간질여 **줄~까**

〈그대로 **멈춰라**〉

즐겁게 춤을 추다가 그대로 **멈춰라**

즐겁게 춤을 추다가 그대로 **멈춰라**

눈도 감지 **말고** 웃지도 **말고**

울지도 **말고** 움직이지 **마**

즐겁게 춤을 추다가 그대로 **멈춰라**

〈그대로 **멈출까**〉

즐겁게 춤을 추다가 그대로 **멈출까**

즐겁게 춤을 추다가 그대로 **멈출까**

눈도 감지 **말까** 웃지도 **말까**

울지도 **말까** 움직이지 **말까**

즐겁게 춤을 추다가 그대로 **멈출까**

5~6학년 음악 교과서에 나오는 노래를 질문하듯이 바꾸어 불러 보자.

〈모두 모두 **자란다**〉

산산산 산에서 나무들이 **자라고** 들들들 들에서 곡식들이 **자란다**

조롱조롱 가지에 과일들이 **자란다** 졸졸졸 비 맞고 잘도 **자란다**

모두모두 **자란다** 시시때때 **자란다**

모두모두 **자란다** 우리나라가 **자란다**

〈모두 모두 **자랄까**〉

산산산 산에서 나무들이 **자랄까** 들들들 들에서 곡식들이 **자랄까**

조롱조롱 가지에 과일들이 **자랄까** 졸졸졸 비 맞고 잘도 **자랄까**

모두모두 **자랄까** 시시때때 **자랄까**

모두모두 **자랄까** 우리나라가 **자랄까**

▎학생들의 반응 ▎

1. 너무 신나고 재미있어요.(2학년, 정○○)

2. 질문 노래로 부르니까 신기해서 자꾸 부르고 싶어져요.(4학년, 이○○)

3. 음악시간에는 노래 부르기가 귀찮았는데 질문으로 부르니까 노래를 부르게 돼요.(6학년, 강○○)

4. 이런 질문 노래가 있다는 걸 처음 알았고 가족 앞에서 부르니까 부모님이 놀라셨어요.(5학년, 박○○)

5. 노래 부를 때 한 번도 궁금한 것이 없었는데 질문으로 노래를 부르니까 노래 가사를 쓴 사람한테 물어보고 싶은 것이 생겼어요.

   '모두모두 자란다' 노래에서 우리나라가 자란다는 무슨 뜻인가요? 국민들이 잘 산다는 것일까요? 나라가 강해진다는 것일까요?(5학년, 홍○○)

학생들의 반응을 보면 새롭게 읽고 부르는 방법이 신기해서 흥미와 호기심이 저절로 생기고 재미가 있다는 것이다. 아울러 당연하게 읽고 불렀던 텍스트와 노랫말에 궁금증이 생겨 질문을 하고 싶어지고 글쓴이와 질문과 대답을 주고받으며 대화가 하고 싶어진다고 한다.

모든 교과서 지문의 서술형 문장을 의문형 문장으로 바꾸어 읽거나 노랫말을 모두 의문형으로 바꾸어 부르자는 것은 물론 아니다. 그러나 흥미와 호기심이 유발되고 궁금증이 생겨 글쓴이에게 묻고 싶은 마음이 생긴다면 수업에 적용할 만한 가치는 충분하지 않을까?

질문 릴레이

우리가 알고 있는 스무고개 놀이 방법을 거꾸로 응용해서 만들었다. 스무고개 놀이는 질문을 통해 단어를 유추해 내는 것이지만, 이 놀이는 반대로 주제 단어를 가지고 질문을 많이 만들어 생각을 확산하는 놀이이다.

수업 시간에 배울 텍스트의 주제 단어를 선택해서 수업 과정 중 도입 부분에서 동기유발을 위한 놀이 활동으로 하거나 정리 부분에서 배운 내용을 정리하는 놀이 활동으로 할 수 있다. 한 단어만으로도 많은 질문이 나올 수 있음을 알게 하여 질문 만들기를 어려워하는 아이들에게 자신감과 의욕을 심어 줄 수 있다.

방법은 다음과 같다.

–텍스트의 주제 단어를 칠판에 적는다.

–주제 단어를 보고 아이들이 생각나는 대로 손을 들어 질문하게 한다.

–같은 질문이 나오지 않도록 다른 친구의 질문을 주의 깊게 경청하게 한다.

–교사는 손가락으로 질문 숫자를 세거나 칠판에 숫자 표시를 하면서 진행한다.

–10개의 질문으로 제한하지 않고 5개, 10개, 20개 등 주제 단어와 학년 수준에 알맞게 개수를 정할 수 있다.

| 주제 단어 '가족'과 관련된 질문 예시 |

1. 너의 가족은 몇 명이니?

2. 가족이라는 의미는 누구까지일까?

3. 너는 가족 중에 누구와 가장 친하니?(누가 가장 좋으니?)

4. 옛날에는 대가족이었는데 요즘은 왜 핵가족일까?

5. 너의 가족이 가장 행복했던 때는 언제니?

6. 한 집에 산다고 가족이라 할 수 있을까?

7. 기러기 가족은 왜 생겼을까?

8. 기러기 가족의 좋은 점과 나쁜 점은 무엇일까?

9. 기러기 가족에 대해 너는 어떻게 생각하니?

10. 우리 가족이 나에게 가장 바라는 점은 무엇일까?

    (내가 우리 가족에게 가장 바라는 점은 무엇인가?)

| 학생들의 반응 |

1. 한 단어에 이렇게 많은 질문이 나올 수 있다니 놀라워요.(2학년, 박○○)

2. 처음에는 질문이 어렵게 느껴졌는데 해 보니 질문 만들기가 쉬워요.(3학년, 최○○)

3. 질문 만들기가 귀찮았는데 놀이로 하니 재미있어요.(3학년, 강○○)

4. 질문을 만들기 위해 주제 단어에 대해 깊이 생각하게 돼요.(5학년, 박○○)

5. 처음에는 질문이 생각나지 않았는데 친구들의 질문을 듣고 '아, 맞다.' 하면서 질문이 떠올랐어요(5학년, 정○○)

6. 주제 단어로 질문을 만들면서 시작하니까 공부를 할 때 더 집중하게 돼요.

(6학년 박○○)

7. 수업의 마지막 부분에서 하니까 배운 내용을 잘 정리할 수 있고 기억에 오래 남아요.(6학년, 고○○)

1개의 단어로 10개의 질문을 만드는 질문 릴레이를 한 후 좀 더 심화된 방법, 한 문장으로 질문 10개(학년 수준에 맞게 개수를 달리 함) 만들기를 하면 질문을 처음 만드는 아이들이 질문을 쉽고 재미있게 생각하는 데 도움이 된다.

한 문장으로 질문 30개 만들기 방법은 '하브루타 교육협회'에서 운영하는 연수에 참여하여 알게 된 것이다. 그때 『탈무드』에 나오는 '옛날에 가난뱅이였던 벼락부자가 있었다.'라는 한 문장으로 30개 이상의 질문을 만들었다.

다음은 6학년 1학기 국어 교과서(2. 다양한 관점)에 나오는 텍스트의 첫 문장으로 질문 10개 만들기로 질문 릴레이를 한 예시이다. 텍스트를 읽기 전에 첫 문장으로 질문을 만들고 나니 뒷내용에 대한 궁금증과 호기심으로 빨리 읽고 싶어 했다. 아울러 첫 문장을 통해 텍스트의 내용을 다양하게 상상해 보고 질문을 통해 생각을 깊이 있게 할 수 있었다.

┃첫 문장 예시┃

우리는 흔히 '콜럼버스의 신대륙 발견'이라는 표현을 쓰면서 콜럼버스가 아메리카 대륙을 발견하였다고들 한다.

1. '우리는'의 우리는 누구인가?

2. 콜럼버스는 누구인가?

3. 아메리카 대륙을 왜 신대륙이라 했는가?

4. 지은이는 왜 이 문장을 글의 첫 문장으로 썼을까?

5. 당신이 콜럼버스라면 신대륙을 발견한 기분이 어땠을까?

6. 콜럼버스는 왜 신대륙을 발견하게 되었을까?

7. 이 문장을 통해 느낀 점은 무엇인가?

8. 콜럼버스의 신대륙 발견이라는 표현은 잘못되었다는 뜻인가?

9. 콜럼버스가 아메리카 대륙을 발견하였다는 것에 무슨 문제가 있는가?

10. 이 문장 뒤에는 어떤 내용이 나올까?

03
생각하는 아이로 바꾸는 질문 놀이

깊고 다양한 생각을 하는 것이 귀찮고 습관이 되지 않은 아이들은 "너의 생각은 무엇이니?, 왜 그렇게 생각하니?"와 같은 교사의 질문이나 "좀 더 깊이 생각해 보고 대답할래?"와 같은 권유를 불편하고 부담스러워 한다. 따라서 생각을 하고 싶은 마음이 들게 하는 것과 자연스럽게 생각을 할 수밖에 없는 상황을 만들어 주는 것이 필요하다. 생각을 깊고 다양하게 하는 아이로 변화시킬 수 있는 질문 놀이 몇 가지를 소개하고자 한다.

질문 속담 놀이

우리가 알고 있는 속담을 의문형 문장으로 바꾸어 주고받는 놀이로서 '속담이나 격언, 명언 까 바꾸기'(『하브루타 질문 수업』)를 질문 놀이로 응용하여 수업에 적용하였다.

방법은 다음과 같다.

–반 인원 전체로 할 경우에는 두 팀으로 나누고, 모둠으로 할 경우에는 반에서 정한 모둠 수로 한다.
–기존의 '아엠 그라운드' 게임의 4박자에 맞추어 한다.
  "아(무릎치기 한 박자) 엠(손뼉치기 한 박자) 그라운드(양쪽 엄지 세우기 2박자)
  동물(무릎치기 한 박자) 이름(손뼉치기 한 박자) 대기(양쪽 엄지 세우기 2박자)

질문 속담 놀이로 바꾸면,
아(무릎치기 한 박자) 엔(손뼉치기 한 박자) 그라운드(양쪽 엄지 세우기 2박자)
질문(무릎치기 한 박자) 속담(손뼉치기 한 박자) 하기(양쪽 엄지 세우기 2박자)

–위와 같은 박자에 맞추어 동물 이름 대신 질문 속담을 말한다.
–이미 나온 질문 속담을 하거나, 질문 속담을 하지 못하는 팀이 패하게 된다.

| 질문 속담 놀이의 예시 |

1모둠 : 가는 말이 고와야 오는 말이 고울까?

2모둠 : 아니 땐 굴뚝에 연기 날까?

3모둠 : 콩 심은 데 콩 나고 팥 심은 데 팥 날까?

4모둠 : 호랑이굴에 들어가도 정신만 차리면 살까?

6모둠 : 공든 탑이 무너질까?

1모둠 : 소 잃고 외양간 고칠까?

2모둠 : ?(2모둠 패)

| 학생들의 반응 |

1. 속담을 질문 속담으로 바꾸니까 너무 재미있고 신기해요.(3학년, 송○○)

2. 속담을 많이 알게 되었어요.(4학년, 강○○)

3. 평소에는 속담에 관심이 없었는데 속담에 관심을 가지게 됐어요.(5학년, 김
   ○○)

4. 가족들이랑 질문 속담 놀이를 꼭 해 보고 싶어요.(2학년, 이○○)

5. 속담을 외울 때는 자꾸 잊었는데, 놀이로 하니 기억이 너무 잘나서 따로 외
   울 필요가 없어요.(5학년 박○○)

6. 질문 속담으로 물어보니까 당연하게 생각했던 속담이 '정말 그럴까?' 궁금
   증이 생기고 이 속담이 왜 생겼는지 생각하게 돼요.(6학년, 정○○)

7. '소 잃고 외양간 고친다.' 할 때는 그런가 보다 했는데 '소 잃고 외양간 고칠
   까?' 물어보는 순간 이 속담이 무슨 뜻인지 생각하게 돼요.(5학년, 고○○)

질문 속담 놀이를 하고 나면 교실이 왁자지껄해진다. 아이들이 속담에 관해서 이야기를 나누고 싶어 말이 많아지기 때문이다. 다음은 질문 속담 놀이를 한 다음에 자연스럽게 이루어진 5학년 아이들의 대화이다. 이 사례를 보면 왜 우리가 굳이 속담을 질문으로 바꾸어 놀이를 하면 좋은지 더 이상의 설명이 필요없을 것이다.

S1 : 소를 잃었는데 외양간을 고쳐야 해?

S2 : 외양간을 고칠 필요는 없는 거 아냐? 소도 없는데….

S1 : 외양간을 고쳐야 새로 소를 사도 안전하지 않을까?

S3 : 소 잃고 외양간 고친다는 것은 소를 잃고 나서 외양간을 고치는 것처럼 어리석은 사람을 뜻하는 거 아냐?

S2 : 아, 맞아. 그럼 소를 잃어버리기 전에 외양간을 고치라는 것?

S3 : 그렇지! 문제가 생기기 전에 미리미리 안전하게 하라는 것 같아.

질문 꼬리잡기

질문으로 서로 대화할 시간을 주면 아이들은 대부분 질문 한 번, 대답 한 번 하고는 상대의 대답에 추가로 질문을 하지 않고 자신의 생각을 깊이 있게 말하지도 않아서 대화가 잘 이루어지지 않는다는 교사들의 고민에 공감한다. 이와 같은 고민을 해결하기 위한 방법으로 김현섭의 『질문이 살아 있는 수업』에서 다음과 같은 꼬리 물기 질문법을 소개하고 있다.

꼬리 물기란 "왜?"라는 질문을 계속 함으로써 더 깊은 생각으로 유도하는 심층 질문(Deep-dive Question)으로 주제를 깊이 이해하는 데 도움이 된다. 이 질문법은 근거와 이유를 비판적으로 검토하게 하고 생각의 깊이와 폭을 심화시킨다. 대표적인 꼬리 물기 질문법으로 소크라테스식 문답법을 들 수 있다.

깊이 있는 대화가 잘 이루어지기를 바라는 마음에서 생각의 주고받기를 통해 질문-대답-재질문-대답-재질문-대답 식의 질문 꼬리잡기 놀이를 수업에 적용해 보았다. 그리고 이 놀이를 적용한 다른 교사들과 이야기를 나누어 보니 아이들이 좀 더 깊은 생각으로 대화를 하게 되었고, 아울러 상대의 말에 경청을 잘하게 되는 등의 효과가 있다고 했다.

방법은 다음과 같다.

-짝과 함께 주제 질문을 가지고 질문과 대답을 주고받는다.
-질문자는 상대의 대답 후 질문 꼬리잡기(재질문)를 3회(횟수는 조절) 한다.
-대답자는 질문자의 대답에 재대답을 3회 한다.
-질문자와 대답자는 역할을 바꾸어 한다.
-질문 꼬리잡기는 대답과 관련된 재질문으로 이루어진다.
-대답자의 '그냥, 몰라' 등의 대답은 반칙으로 정해 하지 않도록 한다.
-질문자는 대답과 관련시키지 않고 '왜?' '왜?'만 반복해서 하지 않는다.
 (예를 들어 재미있다는 대답에 '왜 재미있어?'라고 물으면 대답하기 어렵다.)
-질문 꼬리잡기 3회, 4회 등 횟수를 정해도 되고 5분 동안 하기 등 시간을 정해 주

어도 좋다. 시간을 정해 주면 꼬리잡기의 횟수에 신경 쓰지 않고 좀 더 깊은 대화를 나눌 수 있다.

| 질문 꼬리잡기의 예시 |

3학년 국어 교과서에 나오는 '훈장님의 꿀단지'이야기를 읽고

질문 : 훈장님은 왜 꿀을 독이라고 했을까?

대답 : 혼자만 드시려고 그런 것 같아.

질문 : 왜 혼자만 드시려고 했을까? (질문 꼬리잡기 1회)

대답 : 옛날에는 꿀이 귀해서 아이들에게 나누어 주지 않으려고 그러셨나 봐.

질문 : 네가 훈장님이라면 아이들에게 나누어 주겠니? (질문 꼬리잡기 2회)

대답 : 내가 훈장님이라도 아이들에게 나누어 주지 않았을 거야.

질문 : 왜 나누어 주지 않을 거라 생각하니? (질문 꼬리잡기 3회)

대답 : 아까워서. 대신 아이들이 모두 집에 돌아간 다음 혼자 먹을 것 같아.

(질문 꼬리잡기는 재질문-대답으로 횟수를 더해 계속해서 이어질 수 있음)

| 학생들의 반응 |

1. 질문 꼬리잡기를 하니까 질문을 많이 할 수 있어요. (3학년, 박○○)

2. 질문 꼬리잡기를 하니까 이야기를 길게 할 수 있어요. (4학년, 민○○)

3. 질문에 맞는 대답을 하려고 많이 생각하게 돼요. (5학년, 이○○)

4. 대답을 듣고 대답과 관련된 질문을 하려고 하니까 처음에는 어려웠지만 자꾸 하니까 질문을 잘하게 되었어요. (5학년, 우○○)

5. 질문 꼬리잡기는 저의 생각을 잘 말해야 하고, 짝의 생각도 잘 들어야 하기 때문에 생각을 많이 하게 돼요.(6학년 문○○)
6. 깊이 생각하는 것이 귀찮았는데 질문 꼬리잡기를 하니까 생각하는 것이 재미있어졌어요.(6학년, 정○○)

질문 사다리타기 놀이

질문 사다리타기 놀이는 모둠원이 사다리타기를 하여 나온 질문의 종류에 관련된 질문을 만들거나, 질문의 종류에 따라 구성원을 나누어 질문 만들기를 하는 놀이이다.

모둠 놀이 방법은 다음과 같다.

−모둠원 4명이 각각 1번∼4번까지의 사다리를 정한다.
−사다리를 타고 내려왔을 때 나오는 질문의 종류(사실, 상상, 적용, 메타)에 알맞은 질문을 각각 1∼3개 만든다.
−만들어진 질문으로 돌아가며 모둠 하브루타를 하며 대화한다.

전체 놀이 방법은 다음과 같다.

−모둠원 4명이 각각 1∼4번의 사다리를 정한다.

–사다리를 타고 내려왔을 때 나오는 질문의 종류(사실, 상상, 적용, 메타)에 따라 다시 모둠을 형성해 앉는다.(사실이 나온 아이들끼리, 상상이 나온 아이들끼리 구성해 모임)

–질문의 종류에 맞는 질문을 협의하여 만든다.(만든 질문을 모둠 칠판에 적는다)

–만든 질문으로 짝 하브루타, 모둠 하브루타를 한다.

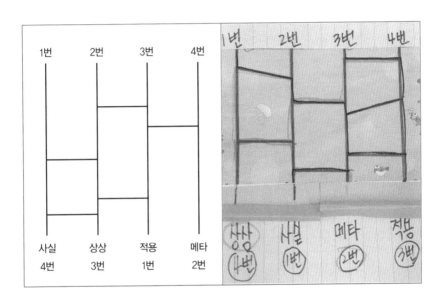

| 학생들의 반응 |

1. 질문 사다리타기 놀이를 하니까 질문의 종류를 잘 알게 돼요.(5학년, 송○○)

2. 질문 사다리타기 놀이를 하니 질문 만들기가 쉬워요.(4학년, 조○○)

3. 친구들과 함께 질문을 만들 수 있어서 재미있어요.(5학년, 이○○)

4. 친구들은 어떤 질문을 만들었을지 궁금해요.(6학년, 우○○)

5. 질문의 종류를 알고 종류에 맞게 질문을 만들려고 노력하게 돼요.(6학년 최○○)

04
협력하는 아이로 바꾸는
질문 놀이

　요즘 아이들은 친구를 배려하거나 양보하는 마음보다는 손해 보기를 싫어하는 이기적인 경향이 있다. 따라서 경쟁심을 자극하고 경쟁을 조장하는 놀이보다는 친구와 더불어 활동하면서 친구의 고마움을 느끼고 친구와 함께 공부하고 싶은 마음을 갖게 하는 데 도움이 될 수 있는 협력적인 질문 놀이를 소개하고자 한다.

질문 빙고 놀이

이 놀이는 텍스트에서 궁금한 내용을 각자 질문으로 만든 다음 하브루타를 하기 전에 주제 질문을 선택하기 위한 놀이 방법이다. 질문 빙고 놀이를 통해 아이들이 가장 궁금해 하는 질문은 무엇인지 알 수 있으며 아이들이 선택한 질문으로 하브루타를 하기 때문에 적극적으로 대화하는 모습을 볼 수 있다.

방법은 다음과 같다.

–텍스트에서 궁금한 내용을 빙고 판에 질문으로 쓴다.(십자모양의 5개, 3×3의 9개, 4×4의 16개 학년 수준에 맞게 선택한다.)
–아이들이 돌아가면서 자신이 만든 질문 1개를 말한다.
–같거나 비슷한 질문은 체크를 한다.
–가로, 세로, 대각선으로 3개가 체크되면 '원 빙고'를 외쳐 빙고가 된 질문을 주제 질문으로 하브루타를 한다.(상황에 따라 '투 빙고'까지 진행하여 주제 질문을 선택해도 된다.)
–빙고 판의 예시는 다음 그림과 같다.

5개의 질문을 쓰기 전 빙고 판	5개의 질문을 쓴 빙고 판
<table><tr><td></td><td>1.</td><td></td></tr><tr><td>2.</td><td>3.</td><td>4.</td></tr><tr><td></td><td>5.</td><td></td></tr></table>	

9개의 질문을 쓰기 전 빙고 판	9개의 질문을 쓴 빙고 판
<table><tr><td>1.</td><td>2.</td><td>3.</td></tr><tr><td>4.</td><td>5.</td><td>6.</td></tr><tr><td>7.</td><td>8</td><td>9.</td></tr></table>	

| 학생들의 반응 |

1. 질문 빙고 놀이를 하니까 질문을 더 잘 만들고 싶어져요.(3학년, 홍○○)

2. 질문을 그냥 발표하는 것보다 놀이로 하니까 재미있어요.(4학년, 강○○)

3. 친구들도 나와 같은 질문을 한다는 것을 알고 기뻤어요.(2학년, 박○○)

4. 빙고 놀이를 하면서 질문을 하니까 질문을 더 잘 듣게 돼요.(5학년, 허○○)

5. 질문 빙고 놀이를 잘하려면 친구를 배려하고 협력해야 함을 알게 되었어

요.(6학년 최○○)

6. 나와 같은 질문을 말해 준 친구가 고마웠어요.(6학년, 문○○)

질문 주사위 놀이

이 놀이는 질문으로 하브루타를 하기 전에 대화할 질문을 선택하기 위한 놀이 방법으로 문제 만들기 하브루타 모형에 활용하면 좋다. 전체 활동으로 할 경우에는 큰 주사위 1개가 필요하며, 모둠 활동으로 할 경우에는 질문 주사위가 각 모둠별로 1개씩 필요하기 때문에 빈 우유곽을 활용하면 좋다. 질문 주사위를 던져 나오는 질문으로 하브루타를 하기 때문에 신나고 활발하게 대화가 이루어지는 모습을 볼 수 있다.

방법은 다음과 같다.

－텍스트와 관련된 질문을 각자 1개씩 포스트잇에 쓴다.

－4〜6명의 모둠원이 모여서 질문을 비교하며 같은 질문이 있는지 확인한다.

－같은 질문은 모아서 1개의 질문으로 합하고 질문을 다듬는다.

－주사위상자 겉면(6면)에 질문을 기록하고, 질문이 부족하면 남은 면은 꽝을 만든다.(주사위상자 겉면은 A4 시트지를 활용한다.)

－모둠원이 돌아가면서 던져서 나온 질문으로 짝(모둠) 하브루타를 한다. 이때 질문 꼬리잡기로 생각을 깊게 한다.

-이미 나온 질문이나 꽝은 다시 던져 나온 질문으로 하브루타를 한다.

질문 주사위 놀이와 모둠 하브루타 모습

| 학생들의 반응 |

1. 친구들과 질문 주사위놀이를 하니까 시간 가는 줄 몰랐어요.(3학년, 안○○)

2. 친구들과 질문을 다듬으니까 좋은 질문을 만들기가 쉬워요.(4학년, 고○○)

3. 질문 주사위로 질문을 선택하니까 나오는 질문이 더 궁금해져요.(4학년, 황○○)

4. 질문 주사위를 완성하기 위해 질문을 만들고 친구들과 의논하니까 질문 만들기가 재미있어졌어요.(5학년, 박○○)

5. 질문 주사위 놀이로 친구들과 더욱 친해지고 서로 협력하게 되었어요.(6학년, 최○○)

다른 사례로 케이건(Kagan, 1992)의 질문 주사위 놀이가 있다. 이는 각 면에 육하원칙이 쓰인 주사위를 던지고 해당 질문에 답을 말하는 방법이다.

방법은 다음과 같다.

−교사가 각 면에 '누가, 언제, 어디서, 무엇을, 어떻게, 왜'라고 쓰인 질문 주사위를
  준비한다.
−모둠별로 돌아가며 주사위를 던지고 '누가'가 나오면 학습 내용과 관련하여 해
  당 질문에 답한다.
(출처 : 김현섭, 『질문이 살아 있는 수업』)

질문 역할 놀이

이 놀이는 텍스트에 나오는 인물이 되어 상대에게 묻고 싶은 내용을
직접 질문하고 대답하는 역할 놀이이다. 대화는 반드시 질문과 대답으로
이루어져야 하며, 서로 묻고 답하면 상대의 생각을 이해하고 공감하면서
해답을 찾는 데 도움이 된다. 아울러 질문 역할 놀이를 통해 친구와 서로
소통하고 공감하면서 서로 협력하려는 모습을 볼 수 있다.

방법은 다음과 같다.

−등장인물의 역할을 정해 두 명인 경우는 짝 하브루타, 여러 명인 경우는 모둠 하
  브루타로 한다.
−모든 아이가 각자 역할을 맡아 동시에 하고 발표 희망자는 앞에 나와서 한다.

| 질문 역할 놀이의 예시 |

3학년 국어 교과서에 나오는 '훈장님의 꿀단지' 이야기를 읽고

덕재의 거짓말에 대해 질문 역할 놀이를 하는 장면

훈장님 : 덕재야, 왜 거짓말을 했니?

덕재 : 꿀을 먹고 나니 훈장님의 회초리가 무서워서 그랬어요.

훈장님 : 사실대로 말하면 내가 용서할 수도 있잖니?

덕재 : 훈장님은 우리가 잘못하면 무조건 회초리로 때리시잖아요.

훈장님 : 잘못하면 벌을 받는 것이 당연하지 않을까?

덕재 : 잘못을 해도 회초리 대신 말로 타일러 주셨으면 좋겠어요.

훈장님 : 말로 타이르면 앞으로는 거짓말을 안 할 수 있겠니?

덕재 : 예, 앞으로는 거짓말을 안 하겠습니다.

| 학생들의 반응 |

1. 질문 역할 놀이는 직접 하는 것도 재미있지만 친구들이 하는 것을 보는 것도 정말 재미있어요.(3학년, 김○○)

2. 같은 역할을 맡았는데도 질문과 대답이 각각 달라 생각이 모두 다름을 알 수 있어요.(4학년, 박○○)

3. 역할을 맡아 보니 상대에게 묻고 싶은 것이 정말 많아요.(4학년, 정○○)

4. 질문과 대답을 하다 보니 문제가 쉽게 해결되었어요. 역시 문제 해결엔 대화가 최고네요.(5학년, 박○○)

5. 등장인물이 되어 질문 역할 놀이를 하다 보니 친구의 말에 풍덩 빠지는 듯

한 느낌이 들어요.(6학년, 고○○)

6. 친구와 역할 놀이를 하니까 자꾸 웃음이 나와 친구와 더 친해졌어요.(6학
년, 이○○)

질문 역할 놀이 활동과 발표 모습

CHAPTER 03

하브루타 질문 놀이
수업을 위한 준비

01
하브루타를 하기 위한
자리 배치

1:1 짝 하브루타

하브루타 수업은 짝과 함께 질문하고 대화(토론, 논쟁)하는 수업이기 때문에 기존의 앞을 바라보는 일렬형 자리 배치는 불편하다. 짝과 마주 앉아 눈을 보면서 말해야 자연스럽게 질문과 대화가 이루어질 수 있기 때문이다.

그래서 1:1 짝 하브루타를 하기 위해 책상을 서로 정면으로 맞대 놓았더니 말을 하는 도중에 아이들이 상대방의 소리를 잘 듣기 위해 자꾸 일어섰다. 상대방과의 거리가 멀기 때문에 나타나는 현상임을 깨닫고 자리 배치를 고민하다가 '대각선 자리'로 배치했다. 대각선 자리는 상대방과 가장 가깝게 앉을 수 있는 간격이기도 하고 가장 편안한 마음으로 대화할 수 있는 자리 배치이다.

정면으로 마주 보고 앉는 자리는 약자가 강자한테 기가 눌려 편안하게 대화하는 데 좋지 않다고 한다. 즉 소극적인 아이가 적극적인 아이에게, 공부를 잘 못하는 아이가 공부를 잘하는 아이에게 마음 편히 얘기하기를 꺼릴 수도 있다.

그러나 대각선 자리는 상대방을 사선으로 바라보기 때문에 그러한 마음을 훨씬 누그러뜨리고 부담을 적게 가져서 좀 더 편안하게 대화를 나눌 수 있다. 실제로 대각선 자리에 앉아서 대화를 하는 아이들에게서는 짝을 탓하는 경우가 별로 없었다. 짝이 목소리가 조금 작아도, 말을 천천히 해도 참아 내고 기다릴 줄 안다. 그리고 한결 부드럽고 편안한 모습으로 말하고 경청하는 아이들의 모습을 볼 수 있다.

대각선 자리 배치 및 1:1 짝 하브루타 활동 모습

1:3 모둠 하브루타

그룹(모둠) 하브루타를 하는 경우의 자리 배치에 대해서도 고민을 많이 했다. 그룹(모둠) 하브루타는 1:3으로 짝을 지어 하브루타를 하는 것으로 인원 수는 4명이 가장 이상적이다. 기존의 모둠 자리 배치는 책상을 정면으로 나란히 두 쌍씩 배치하거나, 한 쌍은 정면으로 마주 보고 나머지 한 쌍은 옆으로 나란히 놓는 경우가 대부분이다. 그러나 이런 자리 배치는 대화할 때 소리가 잘 들리지 않는 불편함이 있고 4명 모두에게 공평하지 않다. 그래서 생각해 낸 자리 배치가 바로 '바람개비 자리'이다.

바람개비 자리는 4명의 아이가 가장 가깝게 앉을 수 있으며 가장 원탁에 가까운 자리 배치이다. 그래서 서로의 모습을 잘 볼 수 있고 누구 하나 불편함이 없는 공평한 자리 배치이다. 1:1 짝 하브루타를 한 후에 1:3 모둠 하브루타를 이어서 할 경우 두 명의 자리만 90도로 돌려 앉으면 바람개비 자리가 되므로 수업 중에 손쉽게 자리를 이동할 수 있는 장점이 있다. 바람개비 자리는 그 모양이 바람개비 같고 바람개비처럼 자신의 생각을 쌩쌩 돌려 잘 말하라는 의미에서 붙인 이름이다. 이런 의미를 알기나 하듯 아이들은 바람개비 자리에서의 대화에 훨씬 잘 집중하게 된다고 말을 한다.

바람개비 자리 배치 및 1:3 모둠 하브루타 활동 모습

02
하브루타
약속 정하기

    혼자 공부하는 것이 익숙한 아이들은 처음에는 함께 공부해야만 하는 하브루타를 호기심에서 시작하지만, 이내 짝에 대한 불평과 불만을 쏟아 낸다. '말이 너무 느리다, 대답을 안 한다, 질문이 이상하다, 소리가 작아서 들리지 않는다.' 등 불평하면서 모든 문제는 자신이 아닌 짝에게 있는 듯이 말한다.

    이런 불만을 안고 하브루타를 하면 오히려 역효과가 나겠다는 생각에 아이들로 하여금 하브루타를 잘 하기 위한 약속을 정해 보라고 했다. 그리고 아이들이 정한 약속을 써서 칠판 옆에 붙여 놓고 하브루타를 시작하기 전에 다 같이 읽어 보게 했다. 그랬더니 불평하는 소리가 훨씬 줄어

들고, 아이들도 약속을 지키기 위해 각자 노력했다. 하브루타를 시작했는데 아이들의 짝에 대한 불평, 불만이 고민이라면 아이들로 하여금 하브루타 약속을 정하고 실천할 것을 권한다.

| 하브루타의 약속 예시 |

1. 모두가 최선을 다해 성의껏 질문하고 대답해요.

2. 목소리의 크기는 짝이 들리도록 말해요.

3. 대답을 할 때는 '그냥, 몰라' 등의 말을 사용하지 않아요.

4. 질문과 대답을 한 후에 역할을 바꾸어 질문하고 대답해요.

5. 하브루타를 하고 난 후에는 고맙다는 인사를 꼭 해요.

03
찾아가는
짝 하브루타

아이들이 하루 동안 대화를 하는 친구는 반에서 한 사람당 몇 명이나 될까? 궁금해서 아이들한테 물어보니 평균 4~5명 정도였다.(2015년 5학년 4개 반 대상 조사) 그것도 친한 친구 몇 명과만 이야기를 하다 보니 같은 반인데도 일 년이 지나도록 서로 대화를 나누어 본 적이 없는 경우가 있었다.

하브루타 수업을 하면서도 대화는 주로 앉아 있는 짝과 앞뒤의 모둠 짝과만 이루어져서 좀 더 다양한 친구를 만나면 좋겠다는 생각을 하게 되었다. 하브루타 수업에서 어떻게 짝을 정해야 효율적인가를 묻는 교사도 많았다. 그래서 생각한 것이 바로 자유롭게 일어나서 주제 질문을 가지고 대화를 하고 싶은 짝을 직접 찾아가는 짝 하브루타였다.

다양한 생각을 나누려면 다양한 친구와 대화를 하면 도움이 되겠다는 생각에서 시작했는데 하루 종일 주로 앉아서만 수업했던 아이들이 자유롭게 일어서서 대화를 나누니 오히려 더 대화가 잘 이루어지고 건강에도 좋다고 했다.

선생님으로서는 아이들이 일어서서 왔다 갔다 하면서 말하니 수업이 너무 산만하지 않을까 염려될 수도 있다. 그러나 찾아가는 짝 하브루타에는 몇 가지 지켜야 할 약속이 있다. 물론 이 약속도 아이들이 직접 만들었기 때문에 스스로 만든 약속을 잘 지키려고 노력하는 모습을 볼 수 있다.

| 찾아가는 짝 하브루타의 약속 예시 |

1. 하루 동안 한 번 만난 친구는 다시 만나지 않고 새 친구를 만나요.

2. 2명이 원칙이고 3명까지 가능해요.(4명은 2명씩 나누면 되니까)

3. 친구가 다가와 같이 하자고 하면 싫은 마음이 있어도 하브루타해요.

4. 뛰지 않고 걸어 다니며 가능한 한 짝을 빨리 만나도록 노력해요.

찾아가는 짝 하브루타를 해 보면 교사는 반 아이들의 교우 관계를 금방 파악할 수 있다. 소극적이고 친구 관계가 원만하지 못한 아이는 짝을 찾는 데 시간이 많이 걸리고 선뜻 다가가지 못하는 모습을 보인다. 평소에 친구들을 괴롭히거나 친구들이 싫어하는 행동을 하는 아이가 다가가면 다른 친구들이 피하기 때문에 짝을 쉽게 만날 수가 없다.

교사들은 찾아가는 짝 하브루타를 통해 교우 관계에 어려움을 느끼는 아이를 쉽게 파악해서 상담을 하거나 생활지도를 통해 원만한 교우 관계를 형성하는 데 도움을 줄 수 있다.

T1 : 찾아가는 짝 하브루타는 친구 관계가 좋아지고, 건강도 좋아지고, 다양한 생각도 할 수 있고… 일석다조의 효과를 얻을 수가 있어요.

T2 : 하브루타를 하면서 짝을 정하는 고민이 해결되었어요.

T3 : 찾아가는 짝 하브루타를 통해 인성 교육도 할 수 있어요.

T4 : 처음에는 어색해 하던 아이들이 서로 인사도 하고 친해졌어요.

찾아가는 짝 하브루타 활동 모습

04
효과적인 하브루타
협력 발표

수업에서의 발표는 교사의 질문에 학생의 대답이 1:1로 이루어지는 경우가 대부분이다. 암기를 잘하거나 순발력이 좋거나 적극적인 성향의 아이들이 발표를 잘한다. 반면에 암기보다는 생각이 많고 느리며 소극적인 성향을 가진 아이들은 발표의 기회를 놓치다 보니 아예 발표를 포기하게 되는 경우가 많다.

그러나 하브루타는 교사와 학생이 짝이 되는 경우보다 학생과 학생이 짝이 되어 동시다발적으로 모든 아이가 질문하고 대답하므로 자신의 생각을 말하는 기회가 많을 수밖에 없다. 아울러 학생들이 짝(모둠) 하브루타를 한 후, 전체 학생들 앞에서 발표하기를 희망하는 아이들에게 발표 기회를 주는 것도 좋다.

하브루타 발표 방법은 다음과 같다.

－짝과 함께 둘이 나와 하브루타 한 내용을 다시 재연한다.
－질문과 대답을 주고받으며 질문 꼬리잡기(3회 정도) 후 역할을 바꾸어 한다.
－발표를 할 때는 전체 학생이 볼 수 있도록 앞을 보며 질문하고 답한다.
－발표를 마친 후에는 짝에게 고마움을 전한다.

발표를 희망할 때 짝과 같이 손을 들면 괜찮지만 한 명만 손을 드는 경우가 있다. 이때는 손을 든 아이에게는 대답을, 손을 들지 않고 발표를 꺼리는 아이에게는 질문만 할 것을 권하거나 각자 손을 든 아이끼리 짝을 만들어 발표하는 방법도 있다.

아울러 질문만 하고 싶은 아이와 대답만 하고 싶은 아이끼리 짝을 정하는 방법 등 다양하게 발표를 시킨다. 그렇게 하면 발표에 자신이 없는 아이는 혼자가 아니라 친구와의 협력을 통해 발표를 하기 때문에 발표에 대한 자신감이 높아지고, 발표를 지켜보는 아이들은 혼자서 발표하는 것보다 훨씬 더 집중하고 경청한다.

짝 하브루타 후 발표 모습

05
하브루타의 질문이
왜 중요한가?

T1 : 교과서를 읽고 질문을 만들게 했더니 아이들이 엉뚱한(?) 질문을 만드는데 어떻게 해야 하나요?

T2 : 질문을 만들어 짝 하브루타를 할 때 수업 내용과 관련이 없는 질문으로 하는데 괜찮은 건가요?

T3 : 교과서에 있는 질문만으로 하브루타를 하면 안 되나요?

T4 : 아이들이 좋은 질문을 하게 하려면 어떻게 해야 하나요?

T5 : 좋은 질문을 하라고 하는데 좋은 질문과 나쁜 질문은 어떻게 구분하죠?

무어(Moore)는 "질문은 교사 중심 수업을 학습자 중심 수업으로 전환하는 데 중요한 역할을 한다."고 했다. 교사들은 학습자 중심의 하브루타 수업을 하면서 질문의 중요성과 필요성을 다시 깨닫게 되었고, 질문에 대한 관심이 높아졌다. 하지만 교사 자신도 질문에 대한 구체적이고 체계적인 배움에 대한 경험이 없기 때문에 학생들에게 적용하기가 쉽지 않다고 말한다.

> 좋은 질문을 하는 능력은 타고 난다기보다는 길러지는 것이다. 어렸을 때부터 좋은 질문을 많이 받고 자랄수록, 생각도 커지고 좋은 질문을 할 수 있는 능력도 생기게 된다. 질문과 토론을 중시 여기는 서양 교육 문화와 경청과 익힘을 강조하는 동양 교육 문화를 비교해 볼 때 동양인보다 서양인들이 질문 능력이 뛰어나게 느껴지는 것도 이러한 측면에서 이해 할 수 있다.
>
> -김현섭, 『질문이 살아 있는 수업』

질문하는 능력 또한 배움에서 길러지고 경험을 통해 터득해야 한다면 질문에 어려움을 느끼는 교사는 자신이 먼저 질문에 대해 체계적으로 배우고 경험해 보는 것이 중요하다. 이러한 배움과 경험은 그대로 아이들에게 전달되고, 교사가 평소에 질문하는 습관이 모델링되어 아이들의 배움으로 이어지기 때문이다.

좋은 질문, 나쁜 질문이란 어떤 질문인가?

대부분의 사람이 좋은 질문은 정답이 없는 열린 질문, 다양한 생각을 할 수 있는 발산적 사고의 질문, 수준에 맞는 질문이라고 대답한다. 그렇다면 교과서나 참고서의 질문은 대부분 정답이 있는 질문인데 이것은 나쁜 질문인가? 지금까지 정답이 있는 질문을 많이 해 왔으면서 왜 그 질문은 좋은 질문이라고 생각하지 않는가?

질문은 유형, 종류, 영역, 대상, 수준에 따라 다양하게 분류되기 때문에 좋은 질문과 나쁜 질문의 의미를 정확히 정의하기는 쉽지 않다. 또한 질문과 관련해서 연구한 자료와 문헌은 많이 있지만 실제 생활 속에서 질문을 구분하지 않고 혼합해 사용하기 때문에 좋은 질문, 나쁜 질문으로 나누는 것은 큰 의미가 없다.

그런데 하브루타 수업에서는 학생들이 질문으로 대화를 시작하므로 어떤 질문으로 해야 하는가가 아주 중요해졌다. 왜냐하면 질문의 유형과 수준이 수업의 방향을 결정짓게 되고 자칫하면 수업의 의도와는 전혀 다른 수업 내용이 될 수도 있기 때문이다.

하브루타 질문 수업에서는 질문 자체가 좋은 질문, 나쁜 질문으로 나뉘지 않는다. 질문이 어떻게 사용되는가에 따라 좋은 질문이 될 수도 있고 나쁜 질문이 될 수도 있기 때문이다. 목적과 맥락에 맞으면 좋은 질문이 되고, 목적과 맥락에 맞지 않으면 나쁜 질문이 될 수 있다. 목적에 맞는 질문은 목적에 맞는 생각과 관찰, 탐구, 재질문을 하게 한다. 반면에 목적에 맞지 않는 질문은 목적과 관련 없는 생각과 관찰, 탐구를 하게 만들어서 목적과 관련된 생각을 오히려 제약하고 관찰과 탐구, 재질문을 막을 수 있기 때문이다.

유튜브 동영상 중 '총 몇 번의 패스를 했을까요?'를 예로 들어 보자.
동영상을 보면서 '흰옷을 입은 여자들은 총 몇 번의 패스를 할까요?'의 질문에 따라 몇 번의 패스를 하는지 수를 세어 보자.

정답은 16번이다. 그런데 혹시 고릴라를 보았나? 커튼색이 변한 것과 검은 옷 입은 여자가 1명 빠져 나간 것을 발견하였나? 아마도 흰옷 입은 여자들의 패스를 세느라 발견하기 어려웠을 것이다.
이 동영상을 보여 주는 목적이 어떤 변화가 있었는지를 관찰하게 하는 것이라면 '흰옷을 입은 여자들은 총 몇 번의 패스를 할까요?'라는 질문은 나쁜 질문이다. 왜냐하면 변화에 대한 관찰과 탐구를 모두 막아 버리고 패스의 수만 세는 것으로 생각을 제약하고 제한하기 때문에 동영상을 보여 주는 목적에 맞지 않기 때문이다.
그럼 동영상을 보여 주는 목적이 관찰을 위한 것이라면 어떤 질문이어야 할까? 바로 '어떤 변화가 있었을까?', '어떤 일이 있었을까?'와 같은 질문이어야 한다. 이 질문으로 출발했다면 변화를 알기 위해 관찰과 탐구가 이루어졌을 것이고 목적에 알맞은 생각을 하게 되기 때문에 좋은 질문이 될 수 있다.

다음에 제시하는 4학년 김○○ 교사의 수업을 통해 좋은 질문과 나쁜 질문에 대해 생각해 보자.

먼저 아이들이 소리 내서 텍스트를 한 목소리로 읽었다.

5단원. 서로 다른 느낌

〈여우와 포도〉

찌는 듯한 무더운 어느 여름날. 몹시 굶주린 여우 한 마리가 먹을 것을 찾아 나섰습니다. 여기저기 찾아 헤매던 여우는 마침내 아주 먹음직스러워 보이는 포도송이가 탐스럽게 달려 있는 것을 발견하였습니다.

"옳지! 아주 맛있어 보이는군."

여우는 코를 벌름거리면서 포도밭으로 뛰어들었습니다. 그러고는 포도송이를 향하여 발돋움을 하였지만 도저히 입에 닿지 않았습니다.

"에잇, 이번에야말로 멋지게 따 먹고 말 테다."

여우는 끈질기게 몇 번이나 뛰어올랐지만 끝내 한 송이의 포도도 딸 수가 없었습니다.

지쳐 버린 여우는 화가 났습니다. 여우는 잠시 생각하더니 포도를 바라보며 말하였습니다.

"저 포도는 너무 시어서 먹을 수가 없어."

텍스트를 읽은 후 아이들로 하여금 여우에 관해 궁금한 것을 질문으로 하게 하였다.

한 아이가 불쑥 "여우는 포도를 먹을 수 있나요?" 그러자 여기저기서 아이들은 웅성대기 시작했고 "여우는 포도를 못 먹어. 육식동물이야." "아냐, 여우는 포도를 먹을 수 있어." "맞아 내가 책에서 읽었는데 여우는 잡식동물이야. 그러니까 포도를 먹을 수 있어." "잡식동물이 맞아. 나도 인터넷에서 본 적이 있어." 아이들은 책과 인터넷을 근거로 말한 아이들의 말에 더 이상 토를 달지 않았다.

교사는 이어서 여우는 잡식동물이므로 포도를 먹을 수 있고 '여우와 포도' 이야기는 실제로 일어날 수 있는 이야기라고 말했다. 그러고 나서 교과서에 나오는 질문 '여우는 포도를 따기 위하여 어떻게 하였나요?', '여우는 왜 포도를 딸 수 없었나요?', '포도를 딸 수 없게 된 여우는 어떻게 하였나요?'에 대한 답을 간단히 확인했다. 그 다음에 '독서 토론의 방법을 알아봅시다.'라는 학습 문제를 제시한 후 본문 내용을 가지고 토론을 하기 위해서는 어떤 질문이 있는지 물었다.

이에 대해 아이들은 '포도를 따기 위해서는 어떤 방법이 있을까?', '포도를 포기한 여우의 행동은 옳을까?' 등의 질문을 했고, 교사는 이 질문들을 가지고 짝 하브루타를 시작하였다. 짝 하브루타를 마치고 전체 아이들로 하여금 여우의 행동이 옳다, 옳지 않다의 입장을 정하게 하고 아이들이 서로의 입장에 대한 이유와 질문과 대답을 주고받게 하였다.

마지막으로 교사는 앞으로 아이들이 살아가면서 목표를 이루기 위해 많은 어려움에 부딪칠 때마다 '여우와 포도' 이야기를 생각하면서 '목표를 이루기 위해 계속 도전할 것인가? 빨리 포기하고 다른 길을 찾을 것인가?'에 대해 고민해 보고 결정하면 좋겠다는 말을 하고 마쳤다.

이제 수업에서 나왔던 질문들을 살펴보자. 먼저 '여우는 포도를 먹을 수 있나요?'라는 질문은 좋은 질문인가? 나쁜 질문인가? 이 질문은 교사가 동기유발의 목적으로 활용했으므로 좋은 질문의 예라고 볼 수 있다. 만약 이 질문이 내용의 이해나 토론의 목적으로 활용되었다면 나쁜 질문이 될 수도 있을 것이다.

이어서 교사가 제시한 교과서 속의 질문들은 좋은 질문일까? 본문 내용에 대한 이해를 위한 목적으로 활용했기 때문에 역시 좋은 질문이라 할 수 있다. 국어 교과서의 질문들은 모두 본문 내용을 이해하고 의미를 파악하는 질문들이다. 아마도 대부분의 교사가 정답이 있는 좁은 의미의 수렴적 사고 질문을 하게 되는 이유도 이 때문일 것이다.

그리고 '포도를 따기 위해서는 어떤 방법들이 있을까?', '포도를 포기한 여우의 행동은 옳은가?'와 같은 질문은 좋은 질문인가? 이 질문들은 학습 목표인 토론을 하기 위한 좋은 질문이라 할 수 있다. 만약 '여우와 포도' 본문을 통해 자유롭게 질문을 하라고 하면 아이들은 '여우는 어디에서 살까?', '여우는 무엇을 주로 먹을까?', '여우는 왜 포도를 포기했을까?', '여우는 왜 굶주렸을까?' 등의 질문을 할 것이고, 이 질문만을 가지고 하브루타를 하게 될 경우 수업의 목적인 토론과 맞지 않게 되어 나쁜 질문이 될 수도 있을 것이다.

교사는 어떻게 학습 목적에 알맞은 좋은 질문들을 이끌어 낼 수 있는가? 그러기 위해서는 수업 과정에 알맞은 질문들을 이해하고 미리 준비해 두어야 한다. 즉 목적에 따라 수렴적 질문이 좋은(나쁜) 질문이 될 수도 있고, 확산적 질문이 좋은(나쁜) 질문이 될 수도 있음을 알고 있어야 한다.

텍스트의 내용을 이해하거나 의미를 알기 위한 것이 목적이라면 정답이 뚜렷하게 있는 좁은 의미의 수렴적 질문이 좋은 질문이고, 학생들의 사고를 촉진하고 비판적·창의적인 사고 습관을 형성하는 것이 목적이라면 다양하고 창의적인 해답이 나올 수 있는 넓은 의미의 확산적 질문이 좋은 질문이다.

따라서 수업의 의도와 목적에 맞는 질문을 매개로 교사와 학생이, 학생과 학생이 언어적 상호 작용, 즉 대화가 제대로 이루어지려면 목적에 따라 질문의 수준과 유형이 달라져야 한다는 것을 알아야 한다. 아울러 학생이 만드는 다양한 열린 질문을 수업 목적과 관련 없이 모두 허용하거나, 수업의 목적은 고려하지 않고 (내용 이해 위주의) 교과서 속 질문만으로 정답을 찾고 수업을 끝내는 오류가 생기지 않도록 노력해야 한다.

김○○ 교사의 수업에서 한 가지 아쉬운 점은 김○○ 교사가 학습 목표(문제)와 관련해서 핵심 질문을 생각하지 못한 점이다. 학습 문제는 '독서 토론의 방법을 알아봅시다.'이므로 학습 목표에 도달하려면 아이들이

'여우와 포도' 텍스트를 가지고 토론한 후 독서 토론의 방법을 알 수 있어야 하고 확인 질문이 있어야 한다.

따라서 지금부터는 학습 목표(문제)에 맞게 핵심 질문을 만드는 방법과 텍스트와 관련해서 목적에 맞는 세부적인 질문을 만드는 방법을 알아보고자 한다.

교사는 질문을 어떻게 준비해야 할까?

수업의 목적과 맥락에 알맞은 좋은 질문을 하려면 먼저 교사들이 질문에 대해 이해하고, 이를 적용·실천하려는 노력을 해야 한다. 왜냐하면 교사의 질문 습관은 학생에게 전달되고, 학생 또한 수업 목적에 알맞은 좋은 질문을 하기 위해 노력하게 될 것이기 때문이다.

특히 모든 하브루타 수업은 학생의 고등 사고력을 형성하기보다는 질문이 대화의 매개이기 때문에 질문의 내용과 수준, 유형에 따라 수업의 맥락이 완전히 달라질 수 있다. 나의 경험과 교사들의 수업 사례를 통해 이를 알게 되었고, 하브루타 질문에 대한 다각적인 연구의 필요성을 느꼈다. 이에 그동안 연구하고 수업에 적용한 나의 질문 사례들을 나누고자 한다.

아이들이 텍스트를 통해 만든 질문으로만 하브루타를 하다 보면 수업의 목적과 내용에 맞지 않는 수업으로 끝나는 경우가 생길 수 있다. 왜냐하면 학습(문제) 목표를 고려하지 않고 텍스트와 소재만 가지고 질문을 만들기 때문이다.

이에 질문을 쉽게 이해하기 위하여 교육 과정의 단원 성취 기준, 차시 학습 목표(문제), 학습 성격과 관련된 질문을 핵심 질문이라 정하고, 수업 과정에서 텍스트와 활동에 대한 구체적인 질문을 주제 질문으로 구분했다. 핵심 질문은 텍스트나 소재가 바뀌더라도 바뀌지 않으며 포괄적인 질문이다. 반면에 주제 질문은 텍스트·소재에 따라 변할 수 있으며, 텍스트·소재의 내용과 관련된 세부적이고 구체적인 질문이다.

구분	질문의 내용	질문의 성격
핵심 질문	단원의 성취 기준과 차시 학습 목표(문제), 학습 성격과 관련된 주요 질문이므로 학습 목표(문제)와 성격을 파악해야 한다.	포괄적
주제 질문	텍스트, 활동과 관련된 하브루타 수업 과정별로 이루어지는 질문으로 도입-내용-심화-적용-메타 하브루타 과정이 기본이지만 수업 내용에 따라 과정은 생략할 수 있다.	구체적 세부적

핵심 질문을 준비하기 위해서는 성취 기준과 관련된 학습 목표(문제), 학습 성격을 파악해야 한다. 또 주제 질문을 준비하기 위해서는 텍스트, 활동과 하브루타 수업 과정을 연계해야 하므로 교사가 질문을 분류해서 생각할 필요가 있다. 질문을 분류하는 체계는 매우 다양하고 복잡하므로 조용기 외의 『교육적 질문하기』에서 소개한 블룸(Bloom)의 인지 영역에 따른 질문 수준과, 무어의 사고에 따른 유형을 하브루타 수업 과정의 질

문과 관련하여 생각해 보면 도움이 된다. 아울러 하브루타의 핵심 질문과 텍스트와 관련된 주제 질문을 만드는 예시를 참고 자료로 제시하고자 한다.

질문 수준, 유형 및 하브루타 과정에 대한 질문

Bloom 질문 수준	지식	이해	적용	분석	종합	평가
Bloom 인지 능력	지식, 정보를 회상하는 능력	지식에 대해 설명, 이해하는 능력	지식을 적용하는 능력	지식을 비교, 구별하는 능력	지식의 결합 창조하는 능력	가치, 판단 평가하는 능력
Moore 사고 유형	수렴적(닫힌) 질문			확산적(열린) 질문		
하브루타 수업 과정	내용 하브루타		적용 하브루타	심화 하브루타	메타 하브루타	
하브루타 질문 수준	사실, 의미를 묻는 질문		삶에 적용하는 질문	비교, 상상을 묻는 질문	생각, 느낌, 평가를 묻는 질문	
질문 예시	누가, 언제, 어디서, 무엇을 했습니까? ○○은 무슨 뜻입니까?		만약 너라면 어떻게 할까?	공통점과 차이점은 무엇인가?	○○의 행동은 옳은가? 어떤 삶이 행복한가?	

하브루타 수업 과정과 질문의 흐름

하브루타 수업 과정	도입 하브루타	내용 하브루타	적용 하브루타	심화 하브루타	메타 하브루타
질문의 흐름	확산적(열린) 질문으로 시작	수렴적(닫힌) 질문으로 전개		확산적(열린) 질문으로 정리	

※ 위와 같은 흐름은 일반적인 흐름이고 수업 과정 중 일부를 생략하거나 학습 목표(문제)에 따라 질문의 흐름이 달라질 수 있다.

핵심 질문을 준비하는 방법으로는 학습 목표(문제)와 학습 성격을 파악해서 만드는 방법이 있다. 먼저 학습 목표(문제)를 통해 핵심 질문을 만드는 방법을 알아보고자 한다. 이미 알고 있는 바와 같이 학습 목표(문제)는 수업 과정에서 의도하고 있는 성취 행동과 그 행동을 수행하게 될 조건, 그리고 학습 결과를 받아들일 수 있는 도달 기준의 3가지 요소를 포함한다.(조건, 도달 기준 중 한 가지는 진술하지 않아도 아이들에게 분명한 의사소통이 될 경우 생략해도 된다.)

학습 목표와 학습 문제를 구별하자면 학습 목표는 노력해서 도달해야 하는 도달점을 말한다. 반면에 학습 문제는 학습자가 가지고 있는 지식, 기능, 경험 등을 활용해서 해결해야 하는 문제이다. 따라서 학습 문제를 해결하기 위한 질문을 만들고 그 질문에 정답이나 해답을 찾다 보면 학습 목표에 도달할 수 있다.

교수·학습 과정안을 통해 학습 목표를 진술하고 학생에게는 학습 문제(배움 문제)로 진술하는 것이 바람직하다. 일반적으로 학습 목표는 '~알 수 있다. ~할 수 있다.', 학습 문제는 '~하여 봅시다. ~합시다. ~하기.

~하여 보자.' 와 같이 진술한다.

학습 목표에 도달하기 위한 학습 문제를 유추해 핵심 질문을 만들어 보자. 학습 문제의 조건, 도달 기준, 성취 행동에 따라 질문의 유형과 수준이 달라짐을 알 수 있을 것이다.(학생에게는 조건, 도달 기준, 성취 행동과 같은 용어를 제시할 필요는 없다.)

핵심 질문과 주제 질문을 만드는 방법을 5학년 도덕과 내용을 통해 알아보자.

학습 목표

사람의 세 가지 아름다움을 바탕으로 아름다운 사람에 대해 알 수 있다.
　　　　(조건)　　　　　　　　　(도달 기준)　　(성취 행동)

학습 문제

사람의 세 가지 아름다움을 바탕으로 아름다운 사람에 대해 알아봅시다.
　　　　(조건)　　　　　　　　　(도달 기준)　　(성취 행동)

학습 문제에서 유추한 핵심 질문의 예

1. 사람의 세 가지 아름다움을 바탕으로(조건) 질문
   −사람의 세 가지 아름다움이란 무엇인가?
2. 아름다운 사람에 대해(도달 기준) 질문
   −아름다운 사람은 어떤 사람인가?

3. 알아봅시다(성취 행동) 질문

　-아름다운 사람에 대해 알게 된 점은 무엇인가?

텍스트를 통해 유추한 주제 질문의 예

-외면적, 내면적, 도덕적 삶의 아름다움에서 공통점과 차이점은 무엇
　인가?

-내가 본받고 싶은 아름다운 사람은 어떤 사람인가?

-아름다운 사람이 많으면 좋은 점은 무엇인가?

-세 가지 아름다움 중에 어떤 아름다움이 가장 중요한가?

핵심 질문과 주제 질문

질문의 예	Bloom	Moore	하브루타 수업 과정	구분
사람의 세 가지 아름다움이란 무엇인가?	지식 이해	수렴적	내용 하브루타	핵심 질문
아름다운 사람은 어떤 사람인가?	종합			핵심 질문
내가 본받고 싶은 아름다운 사람은 어떤 사람인가?	종합	확산적	메타 하브루타	주제 질문
세 가지 아름다움 중에 어떤 아름다움이 가장 중요한가?	평가			주제 질문
외면적, 내면적, 도덕적 삶의 아름다움에서 공통점과 차이점은 무엇인가?	분석	확산적	심화 하브루타	주제 질문
아름다운 사람이 많으면 좋은 점은 무엇인가?	종합	확산적	메타 하브루타	주제 질문
아름다운 사람에 대해 알게 된 점은 무엇인가?	종합 평가	확산적	메타 하브루타	핵심 질문

수업 방향

-핵심 질문이 들어간 내용, 메타 하브루타 과정에 시간을 집중한다.

-학습 문제를 제시하고 학생들이 핵심 질문을 정하는 것을 도와준다.

-핵심 질문과 주제 질문이 비슷한 경우 주제 질문으로 하브루타를 하다 보면 핵심 질문에 대한 해답이 해결될 수 있다.

-시간을 고려해 심화 하브루타, 적용 하브루타 과정은 생략할 수 있다.

-학습 문제의 핵심 질문은 달라지지 않으나 주제 질문은 텍스트나 소재에 따라 달라질 수 있다.

다음은 6학년 사회과의 예시이다.

학습 목표

세계 여러 나라의 다양한 문화를 어떻게 대해야 하는지 알 수 있다.
　　　　　(조건)　　　　　　　　(도달 기준)　　(성취 행동)

학습 문제

세계 여러 나라의 다양한 문화를 어떻게 대해야 하는지 말해 보자.
　　　　　(조건)　　　　　　　　(도달 기준)　　(성취 행동)

학습 문제에서 유추한 핵심 질문의 예

1.세계 여러 나라의 다양한 문화를(조건) 질문

　-세계 여러 나라의 다양한 문화는 어떤 것이 있나?

2. 어떻게 대해야 하는지(도달 기준) 질문

  -다른 나라의 문화에 대해 어떻게 대해야 할까?

3. 말해 보자(성취 행동) 질문

  -내가 실천할 점은 무엇인가?

텍스트를 통해 유추한 주제 질문의 예

-우리나라와 비슷한 문화는 어떤 것이 있을까?

-우리나라와 다른 문화는 어떤 것이 있을까?

-다른 나라의 문화에 대해 가져야 할 마음가짐은?

핵심 질문과 주제 질문

질문의 예	Bloom	Moore	하브루타 수업 과정	구분
세계 여러 나라의 다양한 문화는 어떤 것이 있나?	지식, 이해	수렴적	내용 하브루타	핵심 질문
우리나라와 비슷한 문화는 어떤 것이 있을까?	지식, 이해	수렴적	내용 하브루타	주제 질문
우리나라와 다른 문화는 어떤 것이 있을까?	지식, 이해	수렴적	내용 하브루타	주제 질문
다른 나라의 문화에 대해 어떻게 대해야 할까?	적용	확산적	적용 하브루타	핵심 질문
다른 나라의 문화에 대해 가져야 할 마음가짐은?	적용			주제 질문
내가 실천할 점은 무엇인가?	적용	확산적	적용 하브루타	핵심 질문

수업 방향

-핵심 질문이 들어간 내용, 적용 하브루타 과정에 시간을 집중한다.

-시간을 고려해 심화 하브루타, 메타 하브루타 과정은 생략할 수 있다.

6학년 수학과의 예시를 하나 더 알아보자.

학습 목표

원주율을 알 수 있다.(조건 생략)

(도달 기준) (성취 행동)

학습 문제

원주율을 알아봅시다.

(도달 기준) (성취 행동)

학습 문제에서 유추한 핵심 질문의 예

1. 원주율을(도달 기준) 질문

 -원주율은 무엇인가?

3. 알아봅시다(성취 행동) 질문

 -새롭게 알게 된 점은 무엇인가?

활동을 통해 유추한 주제 질문의 예

-원의 구성 요소는 무엇인가?

-원주는 어떻게 잴 수 있을까?

-지름은 어떻게 잴 수 있을까?

-원주와 지름 사이에는 어떤 관계가 있을까?

-원주율을 나타내는 방법은 무엇일까?

핵심 질문과 주제 질문

질문의 예	Bloom	Moore	하브루타 수업 과정	구분
원주율은 무엇인가?	지식, 이해	수렴적	내용 하브루타	핵심 질문
원의 구성 요소는 무엇인가?	지식, 이해	수렴적	내용 하브루타	주제 질문
원주는 어떻게 잴 수 있을까?	적용	수렴적	적용 하브루타	주제 질문
지름은 어떻게 잴 수 있을까?	적용	수렴적	적용 하브루타	주제 질문
원주와 지름 사이에는 어떤 관계가 있을까?	적용	수렴적	적용 하브루타	주제 질문
원주율을 나타내는 방법은 무엇일까?	종합	확산적	심화 하브루타	주제 질문
새롭게 알게 된 점은 무엇인가?	메타	확산적	메타 하브루타	핵심 질문

수업 방향

-내용, 적용, 심화, 메타 하브루타 과정의 일부분을 생략하기보다는 활
  동 시간을 짧게, 골고루 분배하여 이루어지는 것이 좋다.
-적용, 심화 하브루타 과정에서는 모둠(4명) 하브루타를 통해 생각하
  고 말하면서 여러 가지 방법을 모색하게 한다.

다음은 국어 교과서에 제시되어 있는 학습 성격에 따라 핵심 질문과
텍스트와 관련된 주제 질문을 정하는 방법을 표로 정리해 보았다. 이해
학습은 내용 하브루타 과정에서 사실에 대한 이해 위주의 핵심(주제) 질
문을, 적용 학습은 적용 하브루타 과정에 따라 적용과 관련된 핵심(주제)
질문을, 실천 학습은 적용과 메타 하브루타 과정에 관련된 질문을 핵심
(주제) 질문으로 정하면 된다.

3학년 1학기 국어과 하브루타 질문 작성 예시

단원	2. 문단의 짜임
학습 성격	이해 학습
단원 성취 기준	글을 읽고 대강의 내용을 간추린다.
차시 학습 목표(문제)	중심 문장과 뒷받침문장이 무엇인지 안다.(알아보자)
Bloom의 질문 수준	지식에 대한 이해 및 설명이 주가 되는 질문
Moore의 질문 수준	사실적이며 수렴적(닫힌) 질문
핵심 질문의 예	1. 중심 문장이란 무엇인가? 2. 뒷받침 문장이란 무엇인가?
내용 하브루타 주제 질문의 예시	1. 문단이란 무엇인가? 2. 각 문단의 중심 문장은 어떤 내용인가? 3. 각 문단의 뒷받침 문장은 어떤 내용인가? 4. 중심 문장과 뒷받침 문장을 찾는 방법은 무엇인가?
하브루타 수업 과정	내용 하브루타 과정의 질문에 집중함

3학년 1학기 국어과 하브루타 질문 작성 예시

단원	9. 상황에 어울리게
학습 성격	적용 학습
단원 성취 기준	다양한 매체를 보거나 듣고 생각과 느낌을 나눈다.
차시 학습 목표(문제)	만화 영화를 보고 느낀 점을 표현할 수 있다.(표현해 봅시다.)
Bloom의 질문 수준	지식을 적용, 분석하는 질문, 생각, 느낌의 종합 질문 병행
Moore의 질문 수준	수렴적인 질문과 확산적인 질문
핵심 질문의 예	1. 만화 영화를 보고 느낀 점을 어떻게 표현할 수 있을까? 2. 만화 영화를 보고 느낀 점은 무엇인가?
적용, 심화 하브루타 주제 질문의 예시	1. 만화 영화를 보고 어떤 느낌이 들었니? 2. 네가 훈장님이라면 어떻게 행동하겠니? 3. 만약 네가 덕재라면 어떻게 말했을까? 4. 훈장님은 어떤 성격일까?
하브루타 수업 과정	적용 과정과 심화 과정의 질문에 집중함

5학년 2학기 국어과 하브루타 질문 작성 예시

단원	3. 토론을 해요
학습 성격	실천 학습
단원 성취 기준	토론의 절차와 방법을 알고 적극적으로 참여 한다.
차시 학습 목표	우리 주변의 문제를 토론을 통하여 해결할 수 있다.(해결해 보자.)
Bloom의 질문 수준	종합적으로 평가하는 질문
Moore의 질문 수준	확산적 열린 질문
핵심 질문의 예	1. 우리 주변의 해결해야 할 문제는 무엇인가? 2. 토론하고 싶은 주제는 무엇인가? 3. 문제를 해결하기 위해 실천할 점은 무엇인가?
메타 하브루타 주제 질문의 예시	1. 인터넷에서 줄임말을 써도 되는가? 2. 아침시간에 10분 줄넘기운동을 해야 하는가? 3. 독서 감상문은 꼭 써야 하는가?
하브루타 수업 과정	심화, 메타 과정의 질문에 집중함

이와 같이 하브루타 수업은 교과목에서 제시하는 학습 목표(문제)를 질문과 연결시키는 노력이 필요하다. 과학 교과와 같이 탐구 활동(학습 문제)을 타이틀 질문으로 직접 제시한 것은 교과서의 질문을 그대로 핵심 질문으로 하고 내용과 관련해서 세부적인 주제 질문을 정해 하브루타 하면 될 것이다. 예를 들어 6학년 '역할 놀이를 하면서 지구의 공전 이해 하기(탐구 활동)'와 관련된 타이틀 질문 '지구의 공전이란 무엇일까요?'가 핵심 질문이 될 수 있다.

반면에 국어 교과는 학습 문제를 해결하기 위해 관련된 예시(텍스트)를 제공한다. 따라서 교과서에 제시된 텍스트의 내용만 가지고 질문이 이루어진다면 학습 문제와 연계되지 않는 경우가 생길 수도 있다. 예를 들어 5학년 '이야기를 읽고 독서 감상문을 쓰는 방법을 알아봅시다.'라는 학습 문제에 제공된 이야기가 '마당을 나온 암탉'이다. 교과서에는 '마당을 나온 암탉'에 관련된 내용에 대해서만 질문이 주어지고 아이들은 그 질문의 정답을 생각하고 발표하는 수업으로 마무리되었다면 아이들은 수업 후 '마당을 나온 암탉'의 내용에 관련해서만 배웠다고 생각할 것이다.

정작 알아야 할 '독서 감상문을 쓰는 방법'은 어디로 간 것인가? 따라서 이와 같은 오류가 생기지 않으려면 학습 문제와 관련된 '독서 감상문을 쓰는 방법은 무엇인가?'라는 핵심 질문을 가지고 출발해야 한다. 아울러 정리 과정에서 다시 한 번 핵심 질문이었던 독서 감상문 쓰는 방법은 무엇인지, 방법을 알게 되었는지 확인이 이루어져야 학습 목표에 도달한 수업이 된다.

교사가 주로 발문(정답을 알고 있는 사람이 모르는 사람에게 던지는 질문)을 하고 "맞다.", "잘했다."라는 반응의 수업 대화가 이루어지는 이유는 정답이 명확한 교과서 속의 질문을 가지고 수업 대화가 이루어지는 경우가 많기 때문이다.

그러나 하브루타 수업에서의 질문은 학습 목표(문제)에 알맞은 핵심 질문과 이에 연계된 세부적인 주제 질문들로 다양하게 이루어지기 때문에 교사는 "맞다.", "잘했다." 반응 대신 "왜 그렇게 생각했니?" 등의 재질문을 할 수밖에 없다. 하브루타 질문 수업이 일반적으로 열린 질문으로 시작해서 열린 질문으로 끝나는 이유는 바로 이 때문이다.

마지막으로 교과목의 특성을 고려한 질문 내용들을 고려해야 한다. 왜냐하면 앞에서도 말한 것처럼 하브루타의 수업이 모두 비판적이고 창의적인 사고를 향상시키는 것은 아니라고 했듯이 질문의 유형과 맥락이 수업을 좌우하는 중요한 변수가 될 수 있기 때문이다.

- 국어과 : 내용을 이해하고 암기하는 질문인가? / 생각을 표현하는 질문인가?
- 수학과 : 계산하는 방법에 대한 질문인가? / 계산의 원리를 생각하는 질문인가?
- 사회과 : 사실에 관한 질문인가? / 사실을 파악하는 방법에 관한 질문인가?
- 과학과 : 현상에 대한 질문인가? / 관찰과 탐구를 위한 질문인가?
- 예체능 : 기술을 가르치기 위한 질문인가? / 느끼고 표현하기 위한 질문인가?

학생의 질문 만들기는 어떻게 이루어져야 할까?

하브루타 질문 수업을 시작할 때 아이들이 질문과 친해질 수 있는 다양한 질문 놀이를 2장에서 소개하였다. 특히 질문 릴레이를 통해 아이들은 많은 종류의 질문을 만들어 보았다. 이제는 아이들에게 수업 목적에 맞는 좋은 질문들, 즉 핵심 질문과 하브루타 과정에 알맞은 주제 질문들을 만드는 방법을 가르쳐 주자.

교사는 이미 성취 기준과 학습 목표(문제), 학습 성격을 통해 핵심 질문을 준비하고 핵심 질문이 포함되는 질문을 하브루타의 내용, 적용, 심화, 메타 수업 중 어느 과정에서 가장 집중하고 시간을 할애해야 하는지, 또 어느 과정을 생략할 것인가를 계획하게 된다. 이러한 수업 계획은 아이들로 하여금 수업의 맥락과 의도를 놓치지 않게 하는 중요한 길잡이가 된다. 구체적인 수업 계획은 이후에 나오는 하브루타 질문 수업 설계 부분을 참고하면 좋을 것이다.

아이들이 수업의 목적과 맥락에 맞는 질문을 처음부터 잘 만들 수는 없다. 질문을 다양하게 많이 만들어 보고 다음과 같은 단계에 맞는 활동을 하면 도움이 될 것이다.

질문 만들기 1단계

아이들이 만든 여러 질문을 다양한 방법으로 분류해 보면서 질문의 차이점을 알게 하는 활동이다. 다음과 같은 방법 중 학생의 수준에 맞는 방법을 선택하여 활동하면 된다.

첫째, 가장 쉬운 방법으로 정답이 있는/없는 질문으로 나누기

둘째, 사실, 비교, 상상, 느낌, 실천을 묻는 질문으로 나누기

셋째, 내용, 적용, 심화, 메타의 하브루타 과정 질문으로 나누기

이 단계에서는 각각의 질문들이 어떤 유형인지를 이해하게 하고 아이들이 만든 질문을 위와 같은 방법으로 분류해 본다.

질문 만들기 2단계

1단계에서 나누었던 질문을 거꾸로 만들어 보는 활동이다. 이때 교사의 프레이밍(framing)이 매우 중요하다. 프레이밍이란 사진을 찍을 때 피사체를 파인더의 테두리 안에 적절히 배치하여 화면을 구성하는 것으로 프레이밍 질문은 미리 질문의 방향을 제시하여 상대가 이를 염두에 두고 답할 수 있도록 하는 질문이다. 정답을 좁혀 가는 유도 질문 방법과는 구분되어야 한다.

프레이밍 질문 만들기 방법을 좀 더 자세히 예시를 통해 알아보자. 교사가 정답이 있는 질문과 정답이 없는 질문의 단서를 제공하면 아이들은 정답이 있는 질문을 교과서 질문들처럼 내용을 이해하거나 의미를 아는지 확인하는 수렴적인(닫힌) 질문으로 만들고, 정답이 없는 질문은 다양한 생각을 할 수 있는 확산적인(열린) 질문으로 만들 수 있다.

정답이 있는 질문의 예시

-우리나라 사계절의 날씨는 어떠한가?

-주인공의 행동을 통해 알 수 있는 성격은?

정답이 없는 질문의 예시

-사계절 중 자신이 좋아하는 계절과 그 이유는 무엇인가?

-뒷이야기는 어떻게 전개될 것인가?

질문 만들기 3단계

이상과 같은 방법들을 활용해서 아이들이 질문 만들기에 익숙해지면 질문 만들기 3단계로 넘어간다. 하브루타 질문 만들기 중 가장 높은 수준으로 학습 문제를 보고 수업의 목적과 맥락에 맞는 핵심 질문을 만들고, 텍스트와 활동을 통해 세부적인 주제 질문들을 만드는 단계이다. 학습 문제를 통해 학생들이 만든 핵심 질문의 예를 들어 보면 다음과 같다.

학습 문제

계절마다 볼 수 있는 식물과 동물을 말하여 봅시다.

학습 문제를 통해 나온 질문

1. **계절마다 볼 수 있는 식물** 질문

   -계절(봄, 여름, 가을, 겨울)마다 볼 수 있는 식물은 무엇인가?

2. **계절마다 볼 수 있는 동물** 질문

   -계절(봄, 여름, 가을, 겨울)마다 볼 수 있는 동물은 무엇인가?

3. **말하여 봅시다.** 질문

   -계절마다 볼 수 있는 식물과 동물을 말한 후 알게 된 점은?

학생들의 단계별 질문 만들기

질문 만들기 단계	방법
시작 단계	질문 놀이 익히기, 질문 릴레이로 다양한 질문 만들기
질문 만들기 1단계	만든 질문을 여러 가지 방법으로 분류하기 -정답이 있는/없는 질문 -사실, 비교, 상상, 느낌, 실천을 묻는 질문 -내용, 적용, 심화, 메타 하브루타 과정 질문
질문 만들기 2단계	교사의 프레이밍 방법에 의해 질문 만들기 (질문에 대한 단서 제공)
질문 만들기 3단계	학생 스스로 학습 문제, 텍스트, 활동을 통해 목적에 맞는 질문 만들기

06
하브루타 질문 놀이 수업 설계 및 교수·학습 과정안 작성

T1 : 하브루타 질문 놀이 수업을 하려면 교과서 내용을 모두 재구성해야 하나요?

T2 : 하브루타 질문 놀이 수업은 어떤 방법으로 수업을 설계해야 하나요?

T3 : 하브루타 질문 놀이 수업을 하려고 하는데 과정안은 어떻게 작성하나요?

하브루타 질문 놀이 수업에 대한 교사들의 관심은 많은데 그에 대한 구체적인 수업 설계, 참고할 만한 교수·학습 과정안이 드물다 보니 연수를 마치고 나면 교사들이 수업 설계에 대한 질문과 자료 요청을 많이 한다. 그래서 하브루타 질문 놀이 수업과 관련해서 수업 설계한 사례를 소개하고자 한다.

하브루타 질문 놀이 적용을 위한 교육 과정 재구성

학습 목표(문제)의 재구성

하브루타 질문 놀이 수업은 교과 간 통합을 통해 학습 목표를 재구성하면 같은 시간 안에 대화를 더욱 깊이 있고 풍성하게 나눌 수 있다는 장점이 있다. 예를 들어 국어과와 도덕과의 성취 기준이 비슷한 내용을 통합하여 도덕과의 텍스트(지식)를 가지고 국어과의 토론(기능)을 통해 문제를 해결하는 방법이다. 친구와 협력하여 소통하고 교류한 생각을 실제 생활에서 적용하고 실천(태도)하려는 의지를 자연스럽게 습득하게 할 수도 있다.

특히 도덕과 4~6학년 교과서에는 단원마다 '탐구하기' 부분이 있는데 하브루타 수업 모형을 적용해서 1차시 분량은 '텍스트 읽기-질문 만들기-짝 토론-쉬우르' 순서로, 2차시 분량은 '텍스트 읽기-질문 만들기-짝 토론-모둠 토론-발표-쉬우르' 단계로 수업 과정을 정하면 시간에 알맞게 다양하고 논리적인 생각을 하는 데 도움이 된다.

또한 국어과의 성취 기준과 사회과의 성취 기준에 따라 학습 목표를 통합해서 재구성하면 사회과의 텍스트(소재)를 이해하고 국어과의 기능(말하기, 쓰기)을 향상시키는 효율적인 수업이 될 수 있다.

교과 간 통합을 통해 학습 목표를 재구성한 사례

학년 과목	단원	학습 목표
5학년 도덕	5. 웃어른을 공경해요	웃어른 공경에 대하여 깊이 생각해 보고 바르게 판단할 수 있다.
5학년 국어	3. 토론을 해요	토론의 절차와 방법을 지켜 토론할 수 있다.
재구성한 학습 목표	웃어른 공경에 대한 토론을 통해 깊이 생각하고 바르게 판단할 수 있다.	
4학년 국어	7. 의견과 근거	알맞은 근거를 들어 제안하는 글을 쓸 수 있다.
4학년 사회	2-3. 도시의 문제와 해결	도시문제를 조사하고 해결 방법을 알 수 있다.
재구성한 학습 목표	알맞은 근거를 들어 도시 문제 해결 방법을 제안하는 글을 쓸 수 있다.	

질문의 재구성

교과 내 재구성이 꼭 필요한 부분은 질문이다. 교과서 안의 질문은 아이들이 궁금하지 않아도 정답을 써야 하고 주로 내용을 이해하거나 의미를 묻는 질문으로 구성되어 있어서 학습 목표(문제)에 알맞은 포괄적인 핵심 질문과 텍스트, 활동을 통해 궁금한 내용을 바탕으로 세부적인 주제 질문을 추가할 필요가 있다.

하브루타 질문 놀이 수업의 설계

4학년 국어 교육 과정(5. 서로 다른 느낌)을 예로 들어 하브루타 질문 놀이 수업을 설계해 보자.

교육 과정 재구성 및 수업 모형

학습 목표 재구성

독서 토론 방법을 안다. → 토론을 통해 독서 토론 방법을 알 수 있다.

(실제로 토론하면서 방법을 터득할 수 있도록 재구성함)

하브루타 수업 모형

논쟁 중심 하브루타 수업 모형을 선택한다.

핵심 질문 정하기

학습 목표(문제)

토론을 통해 독서 토론의 방법을 알 수 있다.(알아보자)
　(조건)　　　(도달 기준)　(성취 행동)

핵심 질문

토론을 통해(조건) → 토론의 주제는 무엇인가?

독서 토론의 방법을(도달 기준) → 독서 토론 방법은 무엇인가?

알 수 있다(성취 행동) → 독서 토론을 통해 알게 된 점은?

하브루타 수업 과정에 알맞은 핵심 질문과 주제 질문 예시

수업 과정	과정에 알맞은 핵심 질문과 주제 질문
내용(사실) 하브루타	여우는 왜 포도가 시다고 말했을까?(주제 질문) 여우는 왜 포도를 딸 수 없었을까?(교과서 질문 활용, 주제 질문)
심화(상상) 하브루타	생략
적용(사실) 하브루타	독서 토론을 통해 알게 된 점은?(핵심 질문) 독서 토론 방법은 무엇인가?(핵심 질문)
메타(종합) 하브루타	토론의 주제는 무엇인가?(핵심 질문) 여우가 포도를 포기한 행동은 현명한가?(주제 질문)

본시 교수·학습 과정안의 실제(예시)

수업 과정

도입 하브루타 ─── 내용 하브루타 ─── 심화 하브루타 ─── 적용 하브루타 ─── 메타 하브루타

도입(동기) 하브루타	뇌에 자극을 주고 깨어나게 하는 워밍업 단계	하브루타 질문 놀이
내용(사실) 하브루타	수업할 텍스트를 읽고 사실적 내용을 이해하는 단계	질문으로 읽기 질문 노래 부르기 질문 빙고 놀이 질문 주사위놀이 질문 꼬리잡기 질문 사다리타기 질문 릴레이
심화(상상) 하브루타	상상을 자극하는 질문을 통해 마음껏 상상하는 단계	
적용(사실) 하브루타	실생활에 실천하고 적용하는 단계	
메타(종합) 하브루타	종합하고 정리하기, 친구 가르치기, 사고 확장하기	

*전성수, 이일우의 '하브루타 수업 과정'에 '질문 놀이' 추가

도입 하브루타-내용 하브루타-심화 하브루타-적용 하브루타-메타 하브루타로 진행되며 학습 목표(문제)와 학습 성격과 관련해서 일부 과정은 생략할 수 있다.(본 과정안에서는 심화 하브루타 단계를 생략함)

수업 모형	
질문 중심 하브루타 수업 모형	논쟁 중심 하브루타 수업 모형
비교 중심 하브루타 수업 모형	친구 가르치기 중심 하브루타 수업 모형
문제 만들기 하브루타 수업 모형	

본 과정안의 수업 모형은 찬성/반대 대립 토론 중심이므로 논쟁 중심 하브루타 수업 모형을 선택하였다. 아울러 학습 목표(문제)에 관련된 핵심 질문과 텍스트 내용에 대한 세부 주제 질문을 예상하여 질문 내용을 포함하였다.

하브루타 수업 과정안은 형식이 정해진 것은 아니므로 기존의 다양한 교수·학습 과정안을 응용하여 작성하면 된다. 앞에서 설계한 내용을 바탕으로 다음과 같은 본시 교수·학습 과정안을 작성하였다.

단원명	5. 서로 다른 느낌	쪽수	142~143	차시	3~4/10
성취 기준	말차례를 지키면서 바른 태도로 대화를 나눈다.				
학습 목표	토론을 통해 독서 토론의 방법을 알 수 있다.				
학습 조직	전체-짝-전체-쉬우르	수업 모형	논쟁 중심 하브루타 수업 모형		
재구성 내용	-독서 토론의 방법을 알아보는 이해 학습에 토론까지 하는 실천 학습으로 변경 -교과서에 나오는 내용 이해의 질문 외에 학습 문제에 맞는 핵심 질문과 텍스트에 맞는 주제 질문으로 짝 토론 및 전체 토론을 실시함				
수업 의도	-독서 토론의 방법을 알고 자신의 생각을 질문 꼬리잡기로 더욱 깊게 함 -찬반 독서 토론을 통해 상호 협력하고 소통하는 분위기를 조성함 -질문 빙고 놀이를 통해 학습자가 흥미와 관심을 가지고 자기 주도적인 학습 형성 -학생의 경험과 연결시켜 생활에서 적용 및 실천 의지를 갖게 함				
핵심 질문	-토론의 주제는 무엇인가? -독서 토론 방법은 무엇인가? -독서 토론을 통해 알게 된 점은?				
질문 놀이	질문 노래 부르기, 질문 릴레이, 질문 꼬리잡기, 질문 빙고 놀이				

수업 과정	수업 단계	수업 내용	핵심 질문 / 주제 질문
도입 하브루타 (15′)		◎ 질문 노래 부르기, ◎ 질문 릴레이(주제 : 독서 토론)	독서 토론을 해본 경험이 있니?

학습 문제 관련 핵심 질문 만들기 (10′)		◎ 토론을 통해 독서 토론의 방법을 알아보자. - 핵심 질문 만들기 토론의 주제는 무엇인가? 독서 토론 방법은 무엇인가? 독서 토론을 통해 알게 된 점은?	
내용 하브루타 (25′)	토론 질문 정하기	◎ 질문 만들기 -'여우와 포도' 질문으로 읽기 -텍스트 관련 주제 질문들을 빙고 놀이판에 쓰기	-여우는 왜 포도가 시다고 했을까? -여우는 왜 포도를 딸 수 없었을까? -여우가 포도를 포기한 행동은 현명한가?
		◎ 질문 빙고 놀이 -질문을 들으며 '원 빙고', '투 빙고' 말하기 -내용 이해와 관련된 질문에 답 말하기	
		◎ 토론 질문 정하기 -질문 빙고 놀이에서 나온 질문 중 토론에 알맞은 질문으로 토론 주제 정하기 -(여우의 행동은 현명한가?) 비슷한 질문 선정	
적용 하브루타 메타 하브루타 (30′)	짝 토론	◎ 짝 토론(1:1) -입장 정하기(찬성/반대) -찬성/반대 주장하기-반대(찬성)가 질문 꼬리잡기(각 2분) -입장 바꾸어 찬성/반대 주장하기-질문 꼬리잡기(각 2분)	-여우가 포도를 포기한 행동은 현명한가? -토론의 주제는 무엇인가? (핵심 질문) -독서 토론 방법은 무엇인가? (핵심 질문) -독서 토론을 통해 알게 된 점은? (핵심 질문)
	전체 토론	◎ 전체 토론(찬성 인원 : 반대 인원) -입장 정하기(찬성 및 반대) -1차 발언 : 주장 펼치기(찬성/반대) -2차 발언 : 질문과 대답하기(질문 꼬리잡기) -3차 발언 : 정리해 말하기	
	쉬우르	◎ 핵심 질문 확인 및 실천 의지 갖기 -독서 토론 방법, 독서 토론 후 알게 된 점 나누기 -실천 의지 갖기	

07
하브루타 질문 놀이
수업의 학생 평가

하브루타 질문 놀이 수업을 하면서 어떻게 평가할 것인가에 관해 고민하였다. 최근에는 평가 방법이 단순 지식 암기 및 문제풀이 위주의 평가에서 지식을 창조할 수 있는 '논술형 평가'로 변화하고, 협력 학습을 통해 학생 상호 간 적극적인 협업으로 문제를 해결하는 과정 평가, 학습한 내용에 대해 바로 평가와 피드백이 이루어지는 '학습과 평가의 일체화'를 지향하고 있다.

따라서 하브루타 질문 놀이 수업도 수업 중에 이루어지는 '질문과 대화' 활동의 협력 과정을 구술·토론 평가의 방법으로 수행 평가가 이루어지며, 논술형 평가는 평가자인 교사가 텍스트·자료·조건을 제시하고 학생이 직접 질문을 만들어 자신의 생각을 쓰게 하는 방법을 생각해 볼 필요가 있다. 평소에 아이들이 수업 시간에 만들었던 핵심 질문과 과정에 맞는 좋은 주제 질문을 활용해서 출제하는 방법도 좋을 것이다.

다음은 4학년 국어과(5. 서로 다른 느낌)의 '여우와 포도' 수업에서 이루어질 수 있는 수행 평가 계획과 논술형 평가의 예시이다.

수행 평가 계획

창의지성 역량	국어과 핵심 역량	평가 방법
협력적 문제 발견·해결 능력	상황에 맞는 적절한 의사소통 능력	구술·토론 평가(문제 해결력), 정의적 영역 평가 (협력)

평가 목적	• 질문을 만들어 자신의 의견을 상황에 맞게 말 할 수 있다. • 토론 과정에서 다른 사람들의 의견을 수용하는 태도를 배워 더불어 살아가는 협력적 참여 태도를 기를 수 있다. • 독서 토론의 방법을 알고 토론할 수 있다.
평가 기준	• 질문 만들기, 대화의 과정에서 문제를 해결할 수 있는가? • 협력적인 태도로 토론하는가? • 독서 토론 방법을 알고 토론할 수 있는가?
평가 방법	• 관찰을 통한 정의적 영역 평가 • 구술, 토론을 통한 인지적 영역 평가

논술형 평가 예시

■ 다음 본문을 읽고 토론을 할 수 있는 질문을 만들어 4단 논법에 맞

게 자신의 생각을 쓰고 앞으로의 실천을 다짐해 쓰시오.

찌는 듯한 무더운 어느 여름날, 몹시 굶주린 여우 한 마리가 먹을 것을 찾아 나섰습니다. 여기저기 찾아 헤매던 여우는 마침내 아주 먹음직스러워 보이는 포도송이가 탐스럽게 달려 있는 것을 발견하였습니다.

"옳지! 아주 맛있어 보이는군."

여우는 코를 벌름거리면서 포도밭으로 뛰어들었습니다. 그러고는 포도송이를 향하여 발돋움을 하였지만 도저히 입에 닿지 않았습니다.

"에잇, 이번에야말로 멋지게 따 먹고 말 테다."

여우는 끈질기게 몇 번이나 뛰어올랐지만 끝내 한 송이의 포도도 딸 수가 없었습니다.

지쳐 버린 여우는 화가 났습니다. 여우는 잠시 생각하더니 포도를 바라보며 말하였습니다.

"저 포도는 너무 시어서 먹을 수가 없어."

질문		
4단 논법	주장	
	이유	
	설명	
	정리	
앞으로의 실천 다짐		

* 6단 논법 : 반론과 반론꺾기가 추가됨. 5~6학년은 6단 논법이 가능함

이 문항에 대한 해답의 예시는 다음과 같이 생각해 볼 수 있다.

질문		포도를 포기한 여우의 행동은 옳은가?
4단 논법	주장	포도를 포기한 여우의 행동은 옳지 않다.
	이유	왜냐하면 목표에 대해 최선을 다해 도전을 하지 않으면 포기하는 행동이 습관이 될 수 있기 때문이다.
	설명	목표에 대해 끝까지 도전하지 않고 포기하면 목표를 이룰 수 없다. 또한 자신의 노력이 부족해서 이룰 수 없었던 원인을 자신에게 두지 않고 다른 핑계를 대는 것은 옳지 않다고 본다.
	정리	'인내는 쓰다. 그러나 열매는 달다.'는 격언처럼 목표를 위해서는 끝까지 도전하고 인내하는 노력이 필요하다. 그러므로 끝까지 도전하지 않은 여우의 행동은 옳지 않다고 생각한다.
앞으로의 실천 다짐		나의 꿈은 요리사이다. 나는 목표를 이루기 위해 어떤 어려움이 있어도 참아내고 극복할 것이다. 앞으로 힘들어서 포기하고 싶을 때마다 '여우와 포도' 이야기가 생각나서 힘을 얻을 수 있을 것이다.

다음은 4학년 수학과(4. 어림하기)의 논술형 평가 방법 예시이다.

정민, 준서, 현아는 자신의 키를 가지고 십의 자리까지 어림하여 말하고 있다.

정민 : 내 키는 약 140cm야. 일의 자리에서 버림을 했어.

준서 : 내 키도 약 140cm야. 하지만 정민이와는 다르게 반올림했어.

현아 : 나는 준서의 방법으로 하면 약 140cm지만 올림으로 어림해서 150cm야.

■ 위의 대화를 통해 알게 된 사실에 대해 질문을 만들고 자신의 생각을 쓰시오.

질문	
나의 생각	

이와 같은 자료를 가지고 만들 수 있는 질문과 생각을 예로 들어 보자.

질문 : 누가 어림을 가장 잘했을까?

나의 생각 : 준서가 가장 어림을 잘했다. 이유는 정민이는 8cm, 준서는 4cm, 현아는 9cm의 오차가 나므로 오차가 가장 적은 준서가 어림을 잘했다.

질문 : 누가 어림을 가장 잘 못했을까?

나의 생각 : 정민이는 8cm, 준서는 4cm, 현아는 9cm의 오차가 나므로 오차가 가장 큰 현아가 어림을 잘 못했다.

위의 자료를 통해 질문을 몇 가지 제시하고 그 중 한 가지를 골라 자신의 생각을 기술하는 방법도 있다.

■ 어림을 사용했던 경험을 질문으로 만들었다. 질문 한 가지를 골라

서 자신의 생각을 쓰시오.

질문
-어림을 사용했을 때 좋은 점은 무엇인가?
-어림을 사용했을 때 불편한 점은 무엇인가?
-어림을 사용했던 경험을 통해 배운 점은 무엇인가?

다음은 5학년 사회과 논술형 평가의 예시이다.

수업TIP
'더 나은 경제 활동을 하기 위한 노력을 알아봅시다.'라는 학습 문제를
통해 전통시장과 대형마트의 경쟁 속에서 생기는 문제점을 해결하기 위
한 방안으로 '대형마트의 영업 규제(휴무제)'와 관련된 질문('대형마트의
휴무제는 실시해야 하는가?')을 만들고 입장을 정해 찬성/반대의 논쟁 하브
루타를 실시한다.

■ 다음의 표와 찬성/반대의 입장을 참고해서 더 나은 경제 활동에 대
한 자신의 생각을 쓰시오.

대형마트와 전통시장의 연간 매출액

구분 \ 연도	2006	2007	2008	2009	2010
전통시장	29조 8,000억	26조 7,000억	25조 9,000억	24조 7,000억	24조 1,000억
대형마트	25조 7,000억	28조 3,000억	30조 1,000억	31조 2,000억	33조 7,000억

시장경영진흥원, 통계청 자료

대형마트 휴무제에 대한 찬성/반대 입장

찬성	대형마트에서 한꺼번에 살 수 있는 물건들을 전통시장에서는 여러 개의 상점에서 물건을 따로 구입해야 하는 번거로움과 불편함이 있다.
반대	최근에 작은 마을에도 대형마트가 들어서면서 대형마트 주변의 중소상인들이나 전통시장은 매출이 급격히 감소하여 문을 닫는 곳이 늘어나고 있다.

■ 위의 표와 찬성 / 반대 입장을 보고 문제점을 질문으로 만들어 자신의 생각을 쓰시오.

질문	
나의 생각	

■ 대형마트 영업 규제(휴무제)에 대한 입장을 정하고 조건을 참고하여

자신의 생각을 정리해 쓰시오.

입장	대형마트 영업 규제를 (　　　　)한다.
조건	경제적 자유, 경쟁, 불공정 거래, 권리 침해, 사회적 피해, 경제 질서
나의 생각	

다음은 6학년 과학과 논술형 평가의 예시이다.

■ 다음 준비물과 실험 과정을 통해 나타난 실험 결과를 추측하여 질문을 만들고 질문에 대한 자신의 생각을 쓰시오.

무엇이 필요할까요?	반을 자른 페트병 네 개, 탈지면, 콩나물, 물, 어둠상자 두 개, 비커, 이름표
어떻게 할까요?	1.페트병 네 개의 중간 부분을 잘라 입구를 거꾸로 하여 탈지면을 깔고 비슷한 길이의 콩나물을 각각 같은 양으로 담는다. 잘라 낸 페트병의 나머지 부분은 물 받침대로 사용한다. 2.페트병 두 개는 햇빛이 잘 드는 곳에 두고, 그중에서 하나에만 물을 자주 준다. 3.나머지 페트병 두 개는 어둠상자로 덮어 햇빛을 가린 다음에 그 중에서 하나에만 물을 자주 준다. 4.각 페트병의 콩나물이 어떻게 자랄지 예상하여 본다. 5.콩나물이 자라는 모습을 일주일 이상 관찰하여 본다.

질문	
나의 생각	

　지금까지 소개한 논술형 평가의 예시들은 교사가 모든 학생에게 같은 문제를 제시하는 기존 방법과는 차이가 있다. 자료를 통해 자신이 알고 있는 정보나 지식 등을 활용하여 각자의 질문을 직접 만들기 때문에 학생들의 문항이 각각 다를 수 있으며, 단순히 지식을 이해하고 암기하는 수준을 넘어 지식을 분석·적용하는 능력뿐만 아니라 종합하고 평가할 줄 알아야 해결할 수 있는 평가 방법이다. 아울러 지식을 이해, 적용, 분석, 종합, 평가할 수 있는 능력을 통해 사고력, 창의력, 문제 해결 능력의 고등정신을 향상시키는 수업과 평가의 일체화에 적합한 평가 방법이라 할 수 있다.

　학생 상호 간 질문과 대답을 통해 협력이 이루어지는 구술·토론 평가식 수행 평가(협력적 문제 해결 능력 평가)와 학생이 직접 질문을 만들고 그에 대한 학생들의 사고 과정과 결과를 평가할 수 있는 논술형 평가 방식의 평가 방법은 앞으로도 더욱 연구·개발되어야 할 과제이다.

CHAPTER 04

하브루타 질문 놀이
수업의 실제

01
하브루타 질문 놀이
중심의 수업 사례

독서 토론 중심의 하브루타 질문 빙고 놀이 수업
(4학년, 국어)

3장에서 제시한 수업 설계와 본시 교수·학습 과정안을 바탕으로 수업에서 학생들이 질문을 만들고, 질문 놀이를 통해 이루어졌던 대화 내용 사례를 소개한다.

수업을 설계하기 위해 가장 먼저 수업과 관련된 학습자의 수준 및 실태를 파악했다. 다음은 학습자의 수준과 관심도를 알 수 있었던 설문조사 결과이다.

독서는 왜 하는가?(독서의 필요성 및 중요성)

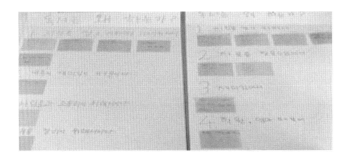

독서 후 토의 및 토론이 어려운 이유는?

토의 · 토론 학습에 대한 흥미도(N=30)

영역	토의 · 토론 학습에 흥미가 많아 활동에 적극 참여하고 있음	토의 · 토론 학습에 흥미가 많으나 활동에 어려움을 느낌	토의 · 토론 학습에 흥미가 없고 활동에 어려움을 느낌	계
N	10	18	2	30
%	30.0	64.0	6.0	100

협력 수업에 대한 반응도(N=30)

영역	협력 수업을 좋아하고 질문하고 대답하는 활동을 좋아함	협력 수업을 좋아하나 질문하고 대답하는 활동이 부담스러움	협력 수업보다 혼자 하는 활동이 좋으며 질문하고 대답하는 활동이 부담스러움	계
N	8	15	7	30
%	25.8	51.6	22.6	100

결과 분석 및 적용

대부분의 학생이 독서의 필요성과 중요성, 독서 후 토의 · 토론이 중요함을 알고는 있으나 토의 · 토론하는 기회가 적고 절차가 복잡하며 자료 준비에 어려움이 있음이 조사되었다. 이에 독서 후에 토의와 토론 방법 중 절차가 복잡하지 않으면서 흥미 있고 자료 준비를 많이 하지 않아도 모두가 참여할 수 있는 하브루타 수업 방법으로 설계하였다.

또한 토의 및 토론에 대한 흥미도가 매우 높았으나(93%) 표현 활동에서의 어렵고 부담을 느끼는 학생이 평균 이상이었으며(67%) 협력 수업을 좋아하나 질문하고 대답하는 활동에 익숙하지 않아 부담스러워하므로 일상에서 경험하는 친근한 주제를 가지고 질문 놀이하기, 질문과 대답하기, 대화하기 등을 할 수 있도록 학습을 계획하여 실시하였다.

단원명	5. 서로 다른 느낌	쪽수	142~143	차시	3~4/10
성취 기준	말차례를 지키면서 바른 태도로 대화를 나눈다.				
학습 목표	토론을 통해 독서 토론의 방법을 알 수 있다.				
학습 조직	전체-짝-전체-쉬우르	수업 모형	논쟁 중심 하브루타 수업 모형		
재구성 내용	-독서 토론의 방법을 알아보는 이해 학습에서 토론 중심의 실천 학습으로 변경 -교과서에 나오는 내용 이해의 질문 외에 학습 문제에 맞는 핵심 질문과 텍스트에 맞는 주제 질문으로 짝 토론 및 전체 토론을 실시함				
수업 의도	-독서 토론의 방법을 알고 자신의 생각을 질문 꼬리잡기로 더욱 깊게 함 -찬반 독서 토론을 통해 상호 협력하고 소통하는 분위기를 조성함 -질문 빙고 놀이를 통해 학습자가 흥미와 관심을 가지고 자기 주도적인 학습 형성 -학생의 경험과 연결시켜 생활에서 적용 및 실천 의지를 갖게 함				
핵심 질문	-토론의 주제는 무엇인가? -독서 토론 방법은 무엇인가? -독서 토론을 통해 알게 된 점은?				
질문 놀이	질문 노래 부르기, 질문 릴레이, 질문 꼬리잡기, 질문 빙고 놀이				

수업 과정	수업 단계	수업 내용	핵심 질문 / 주제 질문
도입 하브 루타 (15′)		◎ 질문 노래 부르기, ◎ 질문 릴레이(주제 : 독서 토론)	독서 토론을 해 본 경험이 있니?
학습 문제 관련 핵심 질문 만들기(10′)		◎ 토론을 통해 독서 토론의 방법을 알아보자. -핵심 질문 만들기 토론의 주제는 무엇인가? 독서 토론 방법은 무엇인가? 독서 토론을 통해 알게 된 점은?	
내용 하브 루타 (25′)	토론 질문 정하 기	◎ 질문 만들기 -'여우와 포도' 질문으로 읽기 -텍스트 관련 주제 질문들을 빙고 놀이판에 쓰기 ◎ 질문 빙고 놀이 -질문을 들으며 '원 빙고', '투 빙고' 말하기 -내용 이해와 관련된 질문에 답 말하기 ◎ 토론 질문 정하기 -질문 빙고 놀이에서 나온 질문 중 토론에 알 맞은 질문으로 토론 주제 정하기 -(여우의 행동은 현명한가?) 비슷한 질문 선 정	-여우는 왜 포도 가 시다고 했 을까? -여우는 왜 포도 를 딸 수 없었 을까? -여우가 포도를 포기한 행동은 현명한가?

적용 하브 루타 메타 하브 루타 (30′)	짝 토론	◎ 짝 토론(1:1) -입장 정하기(찬성/반대) -찬성/반대 주장하기-반대(찬성)가 질문 꼬 리잡기(각 2분) -입장 바꾸어 찬성/반대 주장하기-질문 꼬리 잡기(각 2분)	-여우가 포도를 포기한 행동은 현명한가? -토론의 주제는 무엇인가? (핵심 질문) -독서 토론 방법 은 무엇인가? (핵심 질문) -독서 토론을 통 해 알게 된 점 은? (핵심 질문)
	전체 토론	◎ 전체 토론(찬성 인원 : 반대 인원) -입장 정하기(찬성 및 반대) -1차 발언 : 주장 펼치기(찬성/반대) -2차 발언 : 질문과 대답하기(질문 꼬리잡기) -3차 발언 : 정리해 말하기(생각의 변화 말하 기)	
	쉬 우 르	◎ 핵심 질문 확인 및 실천 의지 갖기 -독서 토론 방법, 독서 토론 후 알게 된 점 나 누기 -실천 의지 갖기	

'질문 꼬리잡기'로 이루어진 아이들의 대화

도입 하브루타 질문	여우는 포도를 먹을 수 있나?
짝 토론	대답 : 여우는 포도를 먹을 수 있어. 질문 : 왜 먹을 수 있다고 생각해?(꼬리잡기 1회) 대답 : 여우는 잡식동물이니까 포도를 먹을 수 있겠지. 질문 : 그럼 이솝 우화는 실제 있을 수 있는 이야기라는 거니?(꼬리 잡기 2회) 대답 : 응, 실제로 있을 수 있는 이야기라고 생각해. 질문 : 이솝은 왜 '여우와 포도'이야기를 썼을까?(꼬리잡기 3회) 대답 : 사람들에게 전해 주고 싶은 교훈이 있기 때문일 것 같아. 질문 : 어떤 교훈일까?(꼬리잡기 4회) 대답 : 나도 그게 궁금해.

내용 하브루타 질문	여우는 왜 포도를 딸 수 없었나?
짝 토론	학생1 : 여우의 키가 닿지 않을 만큼 포도가 높이 달려서 학생2 : 점프만 여러 번 하고 다른 방법은 시도하지 않아서 학생3 : 너무 배가 고파 기운이 없어서 학생4 : 너무 배가 고파 다른 생각을 할 수가 없어서
내용 하브루타 질문	여우는 왜 포도가 시다고 했을까?
짝 토론	대답 : 자신이 먹을 수 없으니까 포기하는 이유가 필요해서 그렇게 말한 것 같아. 질문 : 포기하는 이유가 왜 필요했을까?(꼬리잡기 1회) 대답 : 그래야 마음이 편하잖아. 안 그러면 많이 속상했을 거야. 질문 : 그럼 자신이 편하려고 그렇게 말했다는 거니?(2회) 대답 : 응, 자신의 키가 작아서거나 노력이 부족했다고 생각하면 오히려 더 기분 나쁠 것 같아. 질문 : 너도 그런 비슷한 경우가 있었니?(3회) 대답 : 시험을 못 봤을 때 시험이 어려웠기 때문이라고 부모님께 말씀드린 적이 있었어.
메타 하브루타 질문	포도를 포기한 여우의 행동은 현명한가?
찬/반 대립 토론 (전체 토론)	'현명하다.'고 말한 학생의 대답 학생1 : 자신이 할 수 없는 일은 빨리 포기하는 것이 옳다. 학생2 : 빨리 포기하는 것이 정신건강에 좋다. 학생3 : 할 수 없는 일에 계속 매달리는 것은 시간 낭비다. 학생4 : 한 가지 일에만 집중하는 것보다 빨리 포기하고 자신이 할 수 있는 일을 찾는 것이 낫다. 학생5 : 오르지도 못할 나무는 쳐다보지 말라는 속담처럼 자신의 주제를 빨리 파악하는 것이 현명하다. '현명하다.' 이유를 말한 학생에게 던진 질문과 대답 질문 : 일이 안 되면 자신을 탓하지 않고 자신을 합리화하는 것이 옳은가? 대답 : 자신을 합리화하는 것이 모두 나쁘다고 생각하지 않는다. 오히려 건강에 좋을 것이다.

	'현명하지 않다.'고 말한 학생의 대답
	학생1 : 다른 방법을 사용해 보지도 않고 포기하는 것은 현명하지 못하다.
	학생2 : 자신은 최선을 다했다고 생각할지 몰라도 남이 보기에는 더 할 수 있다고 생각할 수도 있다.
	학생3 : 자꾸 포기하면 목표를 이루는 것이 없다.
	학생4 : 조금 힘들다고 포기하면 습관이 될 것이다.
	학생5 : 자신이 최선을 다하지 않고 남을 탓하는 행동은 옳지 않다.
	학생6 : 인내한 사람들은 모두 목표를 달성한 사람들이다.
	학생7 : '핑계 없는 무덤 없다.'는 말처럼 포기하는 것은 핑계 대는 거와 같은 것이다.
	'현명하지 않다.' 이유를 말한 학생에게 던진 질문과 대답
	질문 : 인내한 사람들이 모두 목표를 달성했다고 했는데 그 말은 잘못되었다. 목표를 달성한 사람들이 인내를 했다고 말해야 하지 않을까?
	대답 : 잘못 말했다고 생각한다. 하지만 인내가 그만큼 중요하다는 뜻이다.
메타 하브루타 질문 (핵심 질문)	**독서 토론의 방법은 무엇인가?**
짝 토론	학생1 : 책을 읽고 토론 주제를 정해야 해.
	학생2 : 토론의 절차는 주장 펼치기-근거, 이유 말하기-질문과 대답하기-정리해 말하기 등의 과정이야.
	학생3 : 토론할 때는 토론 규칙을 잘 지켜야 해.
	학생4 : 상대를 배려하며 토론 예의를 지키는 것도 중요해.

메타 하브루타 질문 (핵심 질문)	독서 토론을 한 후 생각한 점은 무엇인가?
	학생1 : 목표도달을 위해 최선을 다해야겠어요.
	학생2 : 최선을 다하려면 한 가지 방법만 하지 말고 다른 방법을 찾아야 해요.
	학생3 : 이솝이 우리에게 목표를 이루려면 참아야 한다는 교훈을 주는 것 같아요.
	학생4 : 아무리 인내가 중요해도 빨리 포기하는 것도 중요한 것 같아요. 그래야 오래 살 것 같아요.(모두 웃음)
	학생5 : 독서 토론의 방법을 알게 되었고 토론할 때 지켜야 할 예의가 중요함도 알았어요.

질문 빙고 놀이 학습지

1	2	3
4	5	6
7	8	9

질문 빙고 놀이를 통해 아이들이 만든 질문의 일부를 옮겨 본다.

– 여우는 왜 몹시 굶주렸나?

– 여우는 왜 포도를 딸 수 없었나?

– 포도를 딸 수 없게 된 여우는 어떻게 하였나?

– 여우는 왜 포도가 시다고 말했을까?

– 포도 따기를 포기한 여우의 마음은 어땠을까?

– 여우가 포도를 따기 위한 다른 방법은 무엇인가?

– 여우와 같이 목표를 포기한 경험이 있었나?

– 포도를 포기한 여우는 결국 어떻게 되었을까?

– 아무리 배가 고파도 주인이 있는 포도를 먹으려는 여우의 행동은 옳은가?

– 포도를 포기한 여우의 행동은 현명한가?

– 여우처럼 자기 합리화를 하는 것은 옳은가?

– 이솝은 왜 이 글을 썼을까?

– 이솝이 이 글을 통해 우리에게 주는 교훈은 무엇인가?

아이들의 질문에는 깜짝 놀란 만한 기발한 내용이 많았다. 아이들의 창의력과 상상력이 질문에서도 표현되었다는 것을 알 수 있었고, 그동안 아이들은 질문을 못 만든 것이 아니라 만들 기회가 없었음을 다시 한 번 느낄 수 있었다.

질문 빙고 놀이 활동 모습

전래 동화를 통한 하브루타 질문 역할 놀이 수업
(1학년, 창체)

1학년을 대상으로 하브루타 수업을 해 보니 1학년 아이들은 질문 만들기를 어려워하고 자신의 생각을 말하는 속도가 매우 느려 교사가 잘 기다려 주고 허용하는 즐거운 분위기가 중요했다. 다음은 1학년 아이들이 좋아하는 '전래 동화'와 '질문 놀이'를 통해 친구들과 재미있게 이야기 나누었던 하브루타 질문 놀이 수업 사례이다.

전래 동화	훈장님의 꿀단지		차시	4~5/5
학습 목표	정직의 중요성을 알고 정직을 실천할 수 있다.			
학습 조직	전체-짝-전체-쉬우르	수업 모형	논쟁 중심 하브루타 수업 모형	
수업 의도	'훈장님의 꿀단지'라는 전래 동화는 훈장님께 한 덕재의 거짓말(꾀)이 선의의 거짓말로 매우 용기 있고 지혜 있는 아이라는 생각을 하게 만든다. 그러나 수업의 방향은 덕재의 거짓말과 관련된 질문을 통해 진정한 용기는 잘못에 대해 용서를 구할 때 생기는 것이며 정직한 생활의 중요성과 실천을 다짐할 수 있는 기회를 갖게 한다. 질문을 만들어 하브루타를 하는 과정에서 자연스럽게 생각이 변화됨을 알 수 있게 한다.			
핵심 질문	정직은 왜 중요한가? 정직한 생활을 위해 실천한 점은 무엇인가?			
수업 과정 주제 질문	도입 하브루타	이야기의 제목은 무엇일까?		
	내용 하브루타	덕재는 왜 연적을 깨뜨렸을까?		
	심화 하브루타	덕재는 어떤 아이라고 생각하는가?		
	메타 하브루타	덕재가 훈장님께 거짓말을 한 것은 옳은가?		
질문 놀이	질문 꼬리잡기, 질문 릴레이, 질문 역할 놀이			

수업 과정	수업 단계	수업 내용	핵심 질문 / 주제 질문
도입 하브 루타 (8′)		◎ 질문 속담 놀이 -우리가 알고 있는 속담을 질문으로 바꾸기 ◎ 동화책 내용 듣기 -이야기의 내용을 들으며 제목 생각하기	-아니 땐 굴뚝에 연기 날까? -이야기의 제목 은 무엇일까?
학습 문제 확인 및 핵심 질문 알기 (7′)		◎ 학습 문제 : 정직의 중요성을 알고 정직을 실천해 봅시다. 정직은 왜 중요한가? 정직한 생활을 위해 실천한 점은 무엇인가?	
내용 하브 루타 (20′)	짝 에게 설명 하기	◎ 이야기 내용 말하기(생각 그물로 키워드 쓰기) -훈장님, 서당, 꿀단지, 독, 연적, 다락방, 천자 문, 버릇, 덕재, 아이들, 회초리, 잘못, 용서, 죽음 -키워드를 보고 짝에게 내용 설명하기	-훈장님의 이상 한 버릇은 무 엇인가? -덕재는 왜 연 적을 깨뜨렸을 까? -훈장님은 왜 아 무 말도 못했 을까?
	짝 토론	◎ 궁금한 내용 질문으로 만들기 -내용에 관련된 질문과 대답을 주고받기	
심화 하브 루타 (10′)	짝 토론	◎ 질문 릴레이 덕재의 행동을 생각하며 질문 말하기 전체 토론할 질문 정하기 ◎ 질문 꼬리잡기 놀이 짝과 함께 질문 발표를 통해 정해진 질문으로 대화하기(질문 꼬리잡기로 생각을 깊게 하 기) (tip : 학생1이 질문하기→학생2가 대답하기 →학생1이 재질문하기→학생2가 다시 대답 하기. 재질문과 대답을 3회 이상 실시)	-아이들은 회초 리를 맞았을 까? -덕재는 어떤 아 이라고 생각하 는가? -덕재가 훈장님 께 거짓말을 한 것은 옳은가?
메타 하브 루타 (20′)	전체 토론	◎ 전체 토론(찬성 인원 : 반대 인원) 덕재의 거짓말이 옳다/옳지 않다의 이유 말 하기 -이유와 근거를 말한 후 질문과 대답으로 생 각을 깊게 하기	-덕재가 훈장님 께 거짓말을 한 것은 옳은가?

	짝 토론	◎ 질문 역할 놀이로 실천 의지 갖기 잘못을 하거나 실수를 하게 될 경우 잘못이나 실수를 덮으려고 거짓말을 하지 않겠다. 정직하게 상황을 말하고 용서를 구하겠다. 등 (실천 의지를 나눌 수 있게 함)	-덕재 : 사실대로 말하면 용서해 주실 건가요? -훈장님 : 앞으 로 거짓말을 하 지 않겠지?
메타 하브 루타 (15')		◎ 쉬우르 -덕재의 행동을 통해 정직의 중요성을 알고 일상생활에서 정직한 생활을 실천하기 -학습 문제와 관련해 알게 된 점, 실천할 내 용을 배움 공책에 정리하기	-정직은 왜 중요 한가? (핵심 질문) -정직한 생활을 위해 실천할 점 은 무엇인가? (핵심 질문)

'질문 꼬리잡기'로 이루어진 아이들의 대화

도입 하브루타 질문	이야기의 제목은 무엇일까?
짝 토론	대답 : 훈장님의 꿀단지인 것 같아. 질문 : 왜 그렇게 생각했니?(꼬리잡기 1회) 대답 : 꿀단지가 중요하기 때문이야. 질문 : 중요한 단어가 제목이 된다는 것이니?(꼬리잡기 2회) 대답 : 응, 중요한 단어가 제목인 동화책이 많으니까. 질문 : 중요한 단어가 제목인 동화책은 어떤 것이 있니?(꼬리잡기 3 회) 대답 : '빨간 매미'라는 책이 있어.
내용 하브루타 질문	덕재는 왜 연적을 깨뜨렸을까?
짝 토론	학생1 : 회초리를 맞기 싫어서 학생2 : 훈장님이 무서워서 학생3 : 친구들을 위해서

심화 하브루타 질문	덕재는 어떤 아이라고 생각하니?
짝 토론	대답 : 덕재는 매우 영리하고 착한 아이라고 생각해. 질문 : 왜 그렇게 생각하니?(꼬리잡기 1회) 대답 : 친구들을 위해서 꾀를 냈잖아. 질문 : 꾀를 낸 것이 친구들을 위해 한 것이야?(꼬리잡기 2회) 대답 : 응, 덕재 덕분에 회초리를 맞지 않았잖아. 질문 : 덕재 자신도 위한 것이 아닐까?(꼬리잡기 3회) 대답 : 물론 덕재 자신을 위한 것이기도 해.
메타 하브루타 질문	덕재가 훈장님께 거짓말을 한 것은 옳은가?
전체 토론	'옳다.'고 말한 학생의 대답 학생1 : 친구들이 회초리를 맞지 않았기 때문에 옳다. 학생2 : 훈장님도 거짓말을 했기 때문이다. 학생3 : 훈장님이 후회하고 이상한 버릇을 고칠 수 있었다. 학생4 : 매를 맞는 것보다 차라리 거짓말이 낫다. '옳다.' 이유를 말한 학생에게 던진 질문과 대답 질문 : 어른이 거짓말을 한다고 따라 하는 것은 잘하는 거니? 대답 : 잘한 것은 아니지만 훈장님이 먼저 거짓말한 것이 더 나쁘다. 질문 : 거짓말을 하면 집에 가서도 계속 마음이 불안하지 않을까? 대답 : 마음이 조금은 불안하지만 아픈 것은 더 싫다. '옳지 않다.'고 말한 학생의 대답 학생1 : 모든 거짓말은 나쁘다. 학생2 : 거짓말을 자꾸 하면 더 큰 거짓말을 하게 된다. 학생3 : 거짓말이 습관이 되어 거짓말쟁이가 될 것이다. 학생4 : 잘못을 용서받는 것이 속이 편하다. 학생5 : 어른에게 거짓말하는 것은 나쁘다. 학생6 : 연적까지 깬 행동은 나쁘다.

	'옳지 않다.' 이유를 말한 학생에게 던진 질문과 대답 질문 : 하얀 거짓말도 있는데 하얀 거짓말도 나쁘다는 거니? 대답 : 하얀 거짓말이 나쁘다는 것은 아냐. 질문 : 그럼 왜 덕재의 거짓말이 나쁘다고 했어? 대답 : 덕재의 거짓말은 하얀 거짓말이 아닌 것 같아. 질문 : 왜 그렇게 생각해? 대답 : 덕재도 잘못이 있으니까. 자신의 잘못을 숨기려고 하는 거짓 말은 하얀 거짓말이라고 볼 수 없어.
메타 하브루타 질문 (핵심 질문)	정직은 왜 중요한가?
짝 토론	대답 : 정직하지 않으면 남에게 피해를 주기 때문이야. 질문 : 왜 피해를 준다고 생각하니?(꼬리잡기 1회) 대답 : 덕재도 정직하지 못해서 훈장님께 피해를 주었잖아. 질문 : 너도 피해를 주거나 받은 경험이 있니?(2회) 대답 : 엄마한테 거짓말해서 엄마가 화가 나신 적이 있어. 질문 : 엄마한테 피해를 주었다는 거니?(3회) 대답 : 엄마 기분을 나쁘게 했으니까 피해를 준 것이지.
메타 하브루타 질문 (핵심 질문)	앞으로 정직을 실천하려면 어떻게 행동하면 좋을까?
짝 토론	학생1 : 잘못을 솔직히 말할 거예요. 학생2 : 잘못을 빌면 용서받기가 더 쉬워져요. 학생3 : 잘못이 들통날까 봐 거짓말을 한 적이 있는데 앞으로는 거짓 말을 하지 않을 거예요. 학생4 : 거짓말하고 싶을 때 '훈장님의 꿀단지'가 생각나고 훈장님 얼굴이 떠올라 못할 것 같아요.(모두 웃음)

'짝에게 이야기하기'를 위한 단어 쓰기의 실제

자신이 쓴 낱말을 연결하여 짝에게 이야기 내용을 말해 줄 수 있다.

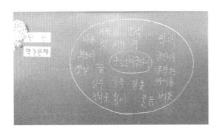 

짝에게 이야기를 해 주기 위해 단어를 쓰는 모습

학생1 : 옛날 서당의 훈장님은 이상한 버릇이 있었어. 아이들에게 천자문을 읽히고 다락방에 올라가 혼자 꿀을 드시는 거야. 이 모습을 본 덕재가 훈장님에게 꿀을 드시는 거냐고 묻자 훈장님은 꿀이 아니라 아이들이 먹으면 죽는 독이라고 하셨어. 어느 날 훈장님이 이웃마을에 볼일을 보러 간 사이에 덕재와 아이들은 꿀을 모두 먹고서는 회초리를 맞을까 봐 걱정을 하였지.

학생2 : 덕재는 아이들에게 걱정 말라고 하고서 꾀를 내었지. 훈장님이 아끼는 연적을 일부러 깨뜨리고 훈장님이 오시자 바닥이 드러난 꿀단지를 앞에 놓고 엉엉 울기 시작했어. 놀란 훈장님은 아이들에게 사실을 물었고 덕재는 훈장님에게 실수로 자기가 연적을 깨뜨려 죽음으로 잘못을 용서받으려고 단지에 든 독을 먹었는데 죽지도 않고 있다고 했어. 그러자 훈장님은 아무 말도 하지 못하셨지.

수업 후 성찰 – 의도보다 더 많은 배움과 나눔이 있는 수업

전래 동화는 어린이들에게 재미와 삶의 지혜를 선물한다. '훈장님의 꿀단지'라는 전래 동화도 옛날 서당에서 훈장님과 아이들이 꿀을 두고 일어난 이야기를 보따리 풀 듯 재미있게 표현하고 있으며, 특히 덕재의 꾀는 독자로 하여금 웃음을 자아내게 한다.

이러한 상황 속에서 아이들은 덕재가 무척 '영리하다, 지혜가 많다, 용기 있다.'라는 긍정적인 평가를 하고 있다. 그러면서 아이들은 어른의 잘못을 그대로 따라 하는 아이의 잘못은 괜찮은 것이고 잘못을 오히려 꾀로써 회초리를 모면하는 행동을 용기 있고 정의롭다고 생각하는 오류를 안고 있다.

단순히 이 동화를 재미로만 읽고 웃어넘길 수도 있지만 '정직'이라는 미덕을 주제로 덕재의 행동과 거짓말에 대해 질문을 만들고 그 질문으로 하브루타를 하면서 아이들의 처음 생각이 점점 변해 가는 것을 알 수 있었다.

덕재에 대해 처음에 가졌던 '영리하다, 지혜가 많다, 용기 있다.'라는 긍정적인 평가는 '훈장님의 거짓말을 따라 하는 것은 나쁘다. 용서를 빌어야 한다. 연적까지 깨뜨린 행동은 잘못된 행동이다. 잘못을 감추려면 더 큰 잘못을 하게 된다. 거짓말은 또 다른 거짓말을 낳게 된다.' 등의 부정적인 평가로 이어지면서 덕재처럼 실수를 하거나 잘못을 하게 되는 경우에는 숨기지 말고 사실대로 말하고 용서를 구해야 한다는 결론을 이끌어 냈다.

교사인 내가 아이들에게 던져준 메시지는 단지 '덕재는 어떤 아이라고 생각하는가?'라는 질문과 덕재의 행동에 대해 다시 한 번 생각해 볼 수 있는 기회를 제공한 것뿐인데 아이들은 스스로 정직의 미덕을 삶과 연결시켜 생각하고, "앞으로 생활 속에서 거짓말을 하고 싶은 상황이 올 때 훈장님의 꿀단지 이야기가 생각날 것이다.", "거짓말을 하고 싶어도 꾹 참고 대신에 사실을 말해 용서를 받겠다.", "어른들이 거짓말을 해도 따라 하지 않고 정직한 행동을 하겠다."는 굳은 다짐을 하였다.

처음 수업을 설계한 의도보다 더 많은 배움과 나눔이 있었던 수업이었으며, 교사인 나도 아이들의 대화 속에 푹 빠져든 매우 재미있는 수업이었다.

02
하브루타 융합 수업
연구 사례

예술 작품에 관한 하브루타 감상 수업
(국어, 미술과 융합 수업)

미술, 음악과의 감상 영역에 대해 효율적인 방법을 고민하던 김○○ 교사가 '하브루타 질문 놀이' 수업과 연결해 보고 싶다고 했다. 박○○ 교사도 교과를 융합한 하브루타 수업을 보고 싶어 했다. 따라서 5~6학년 미술과(13. 생각하는 미술 감상실)의 '감상과 비평' 내용과 6학년 국어과(2. 다양한 관점)의 '관점'을 융합해서 수업을 설계했던 내용과 6학년 아이들이 실제 수업에서 했던 대화 장면을 함께 제시하고자 한다.

교과	국어, 미술	단원	2. 다양한 관점, 13. 생각하는 미술 감상실
성취 기준	글에 나타난 글쓴이의 관점이나 의도를 파악한다.		
학습 목표	글쓴이의 관점에 대하여 알 수 있다. 미술 작품을 다양한 관점에서 살펴보고 작품에 대해 이야기할 수 있다.		
재구성 학습 목표	작품을 살펴보고 관점에 대해 알 수 있다.		
학습 조직	전체-짝-전체-쉬우르	수업 모형	비교 중심, 친구 가르치기 모형
감상 작품	밀레의「이삭줍기」(국어 교과서 42쪽 수록)		
수업 의도	-같은 사물이나 현상에 대하여 다양한 관점이 존재할 수 있고 글쓴이에 따라 관점이 다를 수 있음을 이해 -미술 작품에 대한 각자의 관점을 나누고 글쓴이의 관점과 자신의 관점을 비교하여 비판적인 사고 형성 -미술 작품에 대한 느낌과 근거(이유)를 말하면서 미술 비평을 배움		
수업의 재구성	-국어과의 1/9차시와 미술과의 3/4차시를 통합하여 80분 수업 실시 -질문의 단서가 되는 단어를 보고 질문 만들기 -국어과의 작품에 대한 감상글 〈가〉와 〈나〉를 읽기 전에 학습자의 감상 의견을 먼저 하브루타하여 글쓴이의 관점과 자신의 관점을 비교 가능하게 함		
핵심 질문	관점이란 무엇인가? 관점에 대해 배우고 알게 된 점은?		
수업 과정 주제 질문	도입 하브루타	장 프랑수아 밀레에 대해 알고 있는 사실은?	
	내용 하브루타	그림의 배경은 어디인가?, 하루 중 언제인가?	
	심화 하브루타	그림에 대한 전체적인 생각은 무엇인가?	
	메타 하브루타	관점에 대해 알게 된 점은 무엇인가?	
질문 놀이	질문 사다리타기 : 미술 작품을 보고 질문 만들기 질문 꼬리잡기 : 생각을 다양하고 깊게 나누면서 관점 알기		

수업 과정	수업 내용	핵심 질문 / 주제 질문
도입 하브 루타 (5′)	◎ 작품과 만나기 	
	아이들 대화 사례 학생1 : 책에서 봤어요. 학생2 : 부모님과 미술 작품을 보러 갔을 때 본 것 같 아요. 학생3 : 인터넷에서 봤어요. 학생4 : 많이 본 그림 같은데 어디에서 봤는지 기억이 잘 안 나요.	-작품을 본 경험 은?
	아이들 대화 사례 학생1 : 프랑스의 화가입니다. 학생2 : 사실주의, 자연주의 화가예요. 학생3 : 「이삭줍기」와 더불어 「만종」, 「씨 뿌리는 사람」 등 농부들의 일상을 그린 작품들이 유명해요. 학생4 : 「이삭줍기」는 파리 오르세 미술관에 소장되어 있어요	-장 프랑수아 밀 레에 대해 알 고 있는 사실 은?
학습 문제 확인 핵심 질문 만들기 (5′)	◎ 학습 문제 : 작품을 살펴보고 관점에 대해 알아보자. 아이들 대화 사례 학생1 : 관점이 뭐지요? 학생2 : 아, 그래~ '관점이 무엇일까?'를 핵심 질문으로 해요. 학생3 : 작품을 어떻게 살펴볼 수 있지? 학생4 : 그림을 보고 자신이 느낀 점, 궁금한 점을 질문하면서 나누면 되지 않을까? 학생5 : 관점에 대해 배운 후 알게 된 점도 궁금해요.	

	정해진 핵심 질문 -관점이 무엇인가? -관점에 대해 배운 후 알게 된 점은 무엇인가?	
내용 하브 루타 (25′)	◎ 질문 사다리타기 놀이 -모둠원(4명)이 1~4번 중 번호 선택하기 -사다리타고 내려와서 자신이 만들어야 할 질문의 유 형 알기 -질문의 유형이 같은 구성원끼리 다시 모둠 만들기 -단서로 제공된 단어를 보고 질문의 유형에 알맞은 질 문 만들기(1~2개) 1번　2번　3번　4번 사실 질문　상상 질문　느낌 질문　종합 질문 4번　　4번　　4번　　4번	◎ 제공된 단어 -사실 질문 (배경, 시간, 인 물) -상상 질문 (마음, 행동) -느낌 질문 (빛, 색채, 분위 기) -종합 질문 (전체적, 생각)
	◎ 궁금한 내용 질문으로 만들기 아이들 대화 사례 학생1 : 우리는 사실과 관련된 질문을 만들자. 학생2 : 배경, 시간, 인물과 관련된 질문이면 '그림의 　　　　배경은 어디인가?' 학생3 : '여인들은 무엇을 하고 있나?' 학생4 : 시간과 관련해서'하루 중 언제인가?' ◎ 대화할 주제 질문 확인하기 사실 질문 : 하루 중 언제인가? 상상 질문 : 여인들은 일하면서 어떤 마음이 들까? 느낌 질문 : 분위기를 통해 느낀 점은 무엇인가? 종합 질문 : 그림에 대한 전체적인 생각은 무엇인가?	

	◎ 질문 꼬리잡기 놀이 아이들 대화 사례(사실 질문) 질문 : 하루 중 언제일까? 대답 : 저녁시간일 것 같아. 질문 : 왜 그렇게 생각했어?(꼬리잡기 1회) 대답 : 아침부터 밀을 모두 수확한 다음에 이삭을 주워야 하니까 아무래도 저녁이 되어야 할 것 같아. 질문 : 저녁시간인데 너무 밝지 않니?(꼬리잡기 2회) 대답 : 아마도 화가의 기분이 좋아서 그렇게 그린 것 같아.	-하루 중 언제인가?
심화 하브 루타 (25′)	◎ 질문 꼬리잡기 놀이 아이들 대화 사례(상상 질문) 질문 : 여인들은 일하면서 어떤 마음이 들까? 대답 : 무척 힘들다고 생각할 것 같아. 질문 : 왜 그렇게 생각했어?(꼬리잡기 1회) 대답 : 고되게 노동하는 것에 비해 수확은 얼마 안 되잖아. 질문 : 그럼 여인들은 땅의 주인이 아니라고 생각하는 거니? (꼬리잡기 2회) 대답 : 허름한 옷차림을 보면 동네 사람인 것 같아.	-여인들은 일하면서 어떤 마음이 들까?
	아이들 대화 사례(느낌 질문) 질문 : 그림의 분위기를 통해 무엇을 느꼈니? 대답 : 여인들의 사이가 무척 좋아보였고 행복해 보였어. 질문 : 왜 그렇게 생각했어?(꼬리잡기 1회) 대답 : 그림의 색깔이 밝은 느낌이고 일하는 모습도 즐거워 보였기 때문이야. 질문 : 그림의 어느 부분이 밝다고 생각했니?(꼬리잡기 2회) 대답 : 수확이 끝난 저녁시간 같은데 하늘색과 텅 빈 밭의 색이 아주 밝게 느껴져. 질문 : 여인들의 표정이 잘 안 보이는데 어떤 표정일까?(꼬리잡기 3회) 대답 : 아마 대화를 하면서 웃고 있겠지.	-분위기를 통해 느낀 점은 무엇인가?

	아이들 대화 사례(종합 질문) 질문 : 그림에 대한 전체적인 너의 생각은 무엇이니? 대답 : 밀레가 그림을 아주 사실적으로 잘 표현했다고 생각해. 질문 : 왜 사실적이라고 생각했어?(꼬리잡기 1회) 대답 : 시골풍경과 여인들을 본 대로 그렸잖아. 질문 : 그럼 이 그림은 밀레가 직접 보고 그렸다는 거니?(꼬리잡기 2회) 대답 : 프랑스 시골마을의 일하는 여인을 보고 노동의 가치를 알려 주기 위해 사실대로 그리지 않았을까?	-그림에 대한 전체적인 생각은 무엇인가?
메타 하브 루타 (20′)	◎ 친구에게 설명하기 -두 명이 각각 글 〈가〉, 〈나〉를 읽고 짝에게 내용 설명하기 -설명을 듣고 궁금한 것은 질문하고 대답하기	국어 교과서 43, 44쪽 글
	글 〈가〉 풍요로운 가을날(우도윤) 수확이 한창인 어느 가을날의 들녘입니다. 그림에 전체적으로 쏟아지는 밝은 빛이 수확의 즐거움과 기쁨을 표현하고 있습니다. 뒤쪽의 볏짚 더미 역시 가을의 풍요로움을 더하여 줍니다. (중략) 그림에 칠해진 따뜻한 느낌의 색깔이 전체적으로 온화한 분위기를 풍기고 아름다운 전원의 모습이 잘 표현되어 더욱 깊은 감동을 줍니다. 이 그림은 이처럼 가을날의 풍요로운 시골 풍경을 생동감 있게 잘 표현한 그림입니다.	
	글 〈나〉 세 여인의 고된 땀방울(이주헌) 드넓은 들판에 세 명의 여인이 허리를 숙여 이삭을 줍고 있습니다. 거두어들인 곡식을 쌓느라 흥겨운 저 뒤의 사람들에 비하면 이 여인들은 동네에서 가장 가난한 사람들임에 틀림없습니다. 떨어진 이삭을 줍는 일은 가진 것이 없는 사람들의 몫이니까요. (중략) 그럼에도 이 여인들은 인간으로서의 존귀함을 결코 잃지 않고 있습니다. 그것은 이들이 가난하나마 열심히 일하여 자신들의 삶을 지켜가고 있기 때문입니다. 이 그림은 이렇게 가난한 세 여인의 고된 땀방울을 잘 표현한 그림입니다.	

◎ 글쓴이의 관점과 나의 관점 비교하기 -〈가〉,〈나〉의 글을 비교하여 나의 관점과 비슷한 글 말하기 -이유와 근거 말하기 아이들 대화 사례 학생1 : 나의 관점은 글 〈가〉와 비슷해. 여인들이 일을 하면서 행복한 모습과 밝은 배경이 편안함을 느끼게 하거든. 전체적인 분위기가 아늑한 시골 전원풍경을 표현한 것 같아. 학생2 : 나는 글 〈나〉와 관점이 같아. 여인들의 고된 노동과 가난한 옷차림을 보면서 시골에서 어렵게 살아가는 사람들의 모습을 보았어. 표정은 정확히 안 나타나 있지만 아마도 무척 힘들어할 것 같아.	
◎ 쉬우르 -관점이란 무엇인가? 아이들 대화 사례 학생1 : 그림을 보고 생각하는 태도나 방향입니다. 학생2 : 그림뿐만 아니라 글에도 관점이 나타나요. 학생3 : 사물이나 현상에 대해 생각하는 태도, 방향입니다.	

| | -관점에 대해 배우고 알게 된 점은 무엇인가?

아이들 대화 사례
학생1 : 같은 그림을 보고도 관점이 모두 다름을 알았
어요.
학생2 : 같은 사물이나 현상에 대해 생각이 다른 것을
알았어요.
학생3 : 관점이 모두 다르면 글 쓰는 사람에 따라 글의
내용도 달라짐을 알았어요.
학생4 : 미술 작품을 감상할 때 관점을 표현한 글이 비
평임을 알았어요. 비평은 글쓴이의 관점이 드
러나는 것도 알았고요.
학생5 : 사람의 관점이 모두 다르므로 나의 생각만 옳
다고 고집하면 안 된다는 것을 알았어요.
학생6 : 친구들과 말할 때도 나와 다르다고 해서 화내
면 안 된다는 것을 알았어요. | -관점에 대해 배
우고 알게 된
점은?(핵심 질
문) |

＊아이들의 대화를 듣고 있으면 나도 모르게 빠져들게 된다. 교사인 나도 생각하지 못했던
  기발한 생각들, 재미있는 상상들이 쏟아져 나온다.

교과서에서 제시한 대로 그림에 대한 글쓴이의 관점 글 〈가〉, 〈나〉만
비교해서 알아보았다면 아이들이 쉬우르 시간에 '관점'의 의미를 스스로
정리해 말할 수 있었을까? 미술작품의 '비평'과 '관점'의 관련성을 알 수
있었을까? '관점'을 자신의 생활과 연결시킬 수 있었을까?

아마도 아이들이 나중에 밀레의 「이삭줍기」를 보게 된다면 그냥 지나
칠 수는 없으리라.

질문 만들기 활동 모습

딜레마 해결을 위한 하브루타 대화 수업
(도덕, 국어과 융합 수업)

도덕과의 텍스트 중 딜레마를 해결하기 위한 고민과 갈등 상황을 대화를 통해 질문하고 깊이 생각하면서 선택, 판단하는 수업 과정이다. 아이들은 핵심 질문과 주제 질문에 대해 대화하면서 문제를 해결하고 '정직', '배려'의 미덕을 실천하려는 마음을 갖게 된다.

본시 주제	대화를 통해 갈등해결하기	차시	5/8
학습 목표	갈등 상황을 대화를 통해 해결할 수 있다.		
학습 문제	갈등 상황을 대화를 통해 해결해 봅시다.		
수업 모형	질문과 비교 중심 하브루타 수업 모형		
창의지성 역량	협력적 문제 발견 및 해결 능력, 의사소통 능력, 민주시민의식 (인성 관련 지도 요소 : 정직, 배려)		
창의지성 교육 내용	텍스트 1. 인류의 지적 전통(채인선, 『아름다운 가치 사전』) 텍스트 3. 경험과 체험 적용하기		
질문 놀이	질문 릴레이, 질문 꼬리잡기		

◎ 전시 학습 생각하기(짝 하브루타)

◎ 동기 흐브루타
-'아름다운 가치 사전' 책을 제시하여 호기심을 통해 뇌를 자극, 위밍업하기
-'네 명의 어린이의 행동을 비교한다는 것은 무엇인가?'
  (어린이의 행동을 비교하여 같은 점, 다른 점 찾기)

◎ 전시 학습 생각하기(짝 하브루타)
갈등 상황을 대화를 통해 해결해 봅시다.

핵심 문제
-갈등 상황은 무엇인가?
-대화를 통해 해결한 후 알게 된 점은 무엇인가?

◎ 텍스트 소리 내어 읽기

◎ 질문 만들기
5분 정도의 시간, 네 명의 어린이를 비교하는 질문, 미덕에 관련된 질문

학생의 예상 질문
-미연이가 한 선의의 거짓말은 옳은가?
-네 어린이의 같은 점은 무엇인가?
-네 어린이의 차이점은 무엇인가?
-미연이를 칭찬하는 엄마의 말씀을 듣고 진주는 어떤 생각을 했을까?
-철민이와 민아의 행동은 무엇이 잘못되었는가?
-네 어린이 중 누가 가장 정직할까?
-네 어린이 중 누가 가장 배려를 잘한 것인가?
-배려가 중요한가, 정직이 중요한가?

◎ 짝 토론
-질문 릴레이 후 내용과 관련된 질문으로 질문 꼬리잡기(3회 이상)
-갈등 상황에 대해 짝과 대화하며 '정직'과 '배려'의 미덕을 찾기
-갈등 상황은 무엇인가?(핵심 질문) 질문과 대답을 통해 알기
  (정직이 중요한가? 배려가 중요한가?)

◎ 대화 질문 선정하기 : 짝 토론에서 선정된 1개의 질문 분석하기

학생의 예상 주제 질문
- '배려와 정직 중 무엇이 더 중요한가?'

◎ 모둠 토론
-질문에 대해 질문 꼬리잡기로 의견을 나누기
-생각을 자극하는 질문을 통해 마음껏 자신의 의견을 말하기
-생각이 다를 경우 서로 질문-답변-재질문-반박 등의 질문 꼬리잡기
-경험을 사례로 들어 협력하며 말하기

◎ 발표하기
-모둠 토론한 내용을 정리해서 발표하기
-다른 모둠에서 어떤 질문으로 어떤 토론이 이루어졌는지 알기

◎ 교사가 설명하기보다는 질문을 해서 학생들의 사고를 자극하기

교사의 예상 발문
-배려도 없고 정직하지도 않은 어린이는 누구인가?
-배려는 없는데 정직한 어린이는 누구인가?
-배려는 있는데 정직하지 않은 어린이는 누구인가?
-배려도 있고 정직한 어린이는 누구인가?

◎ 생활에서 실천하고 적용하는 의지 찾기
질문을 통해 학생들 스스로 실생활과 연결하고 실천 의지 갖게 함

교사의 예상 질문
-핑계와 고자질은 왜 하지 말아야 하는가?
-우리가 실천해야 할 내용과 가까운 어린이는 누구인가?
-생활에서 가장 고민을 많이 하게 되는 것은 어떤 경우인가?

◎ 학습 문제(핵심 질문) 재확인 및 정리하기
-대화를 통해 해결한 후 알게 된 점은 무엇인가?(핵심 질문)

짝 하브루타

모둠 하브루타

전체 하브루타

발표 및 쉬우르

하브루타 대화 수업의 활동 모습

수업 성찰을 통해 밝아지는 감식안

이 수업은 하브루타 수업에 관심 있는 교사들이 참관한 가운데 이루어
졌다. 수업자는 '수업 현상'이라는 분석 텍스트를 관찰자가 '학생을 중심'
으로 '학생의 관점'에서 보아 주기를 요청했다. 수업을 참관한 관찰자의
질문을 중심으로 협의한 내용을 정리해 보고자 한다.

이 '하브루타 질문 놀이' 수업은 그동안에 답을 찾지 못했던 수업자의
3가지 고민을 해결해 주었다.

1명도 소외되지 않는 수업이 가능한가?

'단 1명도 소외되지 않는 수업'이 30명 가까운 학생들로 북적이는 교실 현장 속에서 정말로 가능한가? 우리의 희망에 불과한 공허한 소리는 아닌가?

아이들이 즐겁고 행복하며 효율적인 수업 방법은 무엇일까?

국제적 교육 수준 지표인 OECD 'PISA Test'에서 우리나라 학생들은 거의 대부분 상위권의 결과를 나타내고 있다. 그런데 아이러니하게도 수업에 대한 흥미도, 호기심, 즐거움은 최하위의 결과이다. 나는 이러한 결과를 보고 참 많이 안타깝고 가슴이 아프기까지 했다. 왜냐하면 흥미와 즐거움이 없는 일에서 최고의 결과를 가져온다는 것은 얼마나 힘들고 얼마나 스트레스를 많이 받고 있다는 것인가? 최상의 결과를 내기 위해 얼마나 많은 시간과 노력을 들였는지를 알기 때문이다.

어떻게 수업해야 우리 아이들이 질문을 잘할 수 있을까?

우리 아이들은 질문을 잘 하지도 못하고 질문을 많이 하고자 하는 분위기도 아니다. 질문을 하는 아이는 수업 내용을 제대로 이해하지 못했거나 수업의 흐름을 방해하는 아이쯤으로 여기는 우리의 수업 문화에서 질문을 한다는 것은 참으로 어려운 일이다. 질문을 하지 못하게 하는 수업, 질문하는 아이를 부족하거나 나대는 아이로 취급해 버리는 우리의 수업 문화는 분명 변화가 필요해 보인다.

이러한 3가지 수업 고민을 모두 해결해 준 것이 바로 '하브루타 수업'이다. 왜냐하면 '하브루타 수업'은 텍스트를 읽고 각자 질문을 만들어 짝 토론을 시작하기 때문에 모두가 참여하는 공부 방법, 아이들 모두 각자가 짝과 함께 대화를 하는 시간이므로 소외되는 아이가 없다. 아울러 아이들이 직접 궁금한 내용을 질문을 만들어 질문 놀이를 하니 수업은 어느새 웃음이 넘쳐 난다. 짝을 지어 질문하고 대화(토론, 논쟁)하며 놀이까지 할 수 있는 '하브루타 질문 놀이' 수업은 자유롭게 허용된 분위기에서 아이들이 서로 협력하며 생각이 깊게 다양하게 익어 가는 시간이다.

하브루타 질문 놀이 수업을 설계하고 연구하며 많은 배움과 변화가 있었지만 특히 내게 가장 큰 깨달음을 준 것은 바로 '수업은 연구하고 공개하고 나눈 만큼 성장한다.'는 것이다. 교사의 성장은 결국 아이들의 수업에 그대로 녹아들어 밑거름이 되고 자양분이 되어 아이들을 변화시키는 에너지가 된다.

03
하브루타 공동 수업
연구 사례

도란도란 하브루타 수업 이야기(1학년, 국어)

수업 연구 : 최○○, 최○○

수업 의도

본 수업은 이야기나 시를 통한 자기의 생각이나 느낌을 표현하는 활동으로 이야기 내용에 대한 감상에 초점을 맞추어 계획하였다. 인물의 행동이나 말을 생각하고 떠오르는 장면과 기억에 남는 내용을 제시하여 느낌이나 생각을 말하게 하고 사람마다 느낌을 표현하는 방식이 다르다는 것을 알게 하고자 한다.

이야기를 읽고 재미있는 부분이나 장면을 실감나게 떠올리기 위해 이야기 속에 나오는 구름빵을 직접 만들어 보고 이야기를 연출하여 자기의 느낌을 정확히 확인하며 경험과 연관된 생각이나 느낌을 표현하고자 한다. 또한 이야기의 일부분을 수정하여 '나라면 어떻게 했을까?' 또는 인물에게 하고 싶은 말을 표현하여 창작 활동의 기쁨을 맛볼 수 있게 하고자 한다.

이야기 창작이라면 아이들이 매우 어려워하거나 기피하는 면이 있는데 창작 동화에 대한 친근감을 갖고 좀 더 작품 감상을 깊이 있게 다루고자 한다. 그리하여 동화 작품 감상 및 이야기 창작 학습이 재미없고 어려운 활동으로 인식되지 않고 다양한 활동을 통하여 학습 목표에 도달할 수 있도록 구성하였다.

교육 과정 내용 분석

교육 과정 내용 분석

단원	성취 기준	내용 요소의 예	내용 분석
느낌을 나누어요	-글이나 말을 그림, 동영상 등과 관련지으며 작품을 수용한다.	-만화 영화를 보고 생각이나 느낌 말하기 -그림책을 읽고 생각이나 느낌 말하기	-이야기에 대한 생각이나 느낌을 말하는 활동이다. 이야기에서는 인물의 말과 행동이 서사 구조의 중심을 이루고 있다. 그리하여 이야기를 읽고 자신의 생각이나 느낌을 적극적으로 표현할 수 있도록 한다.

분석을 통해 수업에 반영한 내용

- 1학년 아동들에게 책을 읽고 자기의 생각이나 느낌을 표현하는 학습은 다소 어색한 면이 많다. 글의 내용에 대한 감상 태도나 방법을 잘 이해하지 못하는 아이들에게 책을 바르게 읽고 느낌이나 생각을 더욱 효과적으로 표현하는 방법을 기르고자 한다.

- 이야기의 장면이나 느낌을 자연스럽게 표현하여 친구들과 생각과 느낌을 함께 공유하며 나의 생각과 친구들의 생각이 다르다는 것을 알게 한다.

- 표현력 향상을 위하여 여러 상황에 맞는 역할 놀이를 해 보거나, 이야기의 내용을 수정하여 직접 상상하고 이야기를 꾸며 보는 활동을 통하여 창의적인 표현법을 기르고자 한다.

교육 과정 재구성 및 하브루타 수업 전략

교육 과정 재구성 내용	하브루타 수업 전략 내용
-이야기를 듣고 자신의 느낌을 체험적 활동과 연계하여 생동감 있게 표현하기 -이야기의 일부분을 수정하여 고쳐 써 보고 이야기 꾸미기의 창작 활동 능력 키우기 -이야기에 나오는 구름빵을 만들어 보고 이야기의 내용을 실감나게 이해하며 언어 능력 향상을 위한 다양한 환경 조성하기	질문 중심 하브루타 수업 -이야기 만화 동영상을 시청한 후 이야기 내용에 대하여 질문을 만들어 보고 서로 의견 나누기 -답변 내용을 생각하여 심도 있는 질문 만들기 대화 중심 하브루타 수업 -이야기에 대한 생각이나 느낌을 서로 이야기하며 이야기의 일부분을 수정하여 창의적으로 꾸미기 -모둠별로 대화를 통해 생각이나 느낌을 정리하여 발표하기

1학년에게 적용할 하브루타 수업 전략

1학년 아이들은 아직 언어 사용 능력과 어휘력이 많이 부족한 편이다. 질문을 만들어 보거나 대답을 하는 것도 단순한 의견 나누기 정도여서 기본적인 것을 학습한다는 한계에 부딪힌다. 그리하여 논쟁이나 비교 중심 하브루타를 하기에는 아직 어려움이 많아 저학년에 맞는 질문·대화 중심의 하브루타 수업을 응용하여 수업을 전개하고자 한다.

하브루타 본시 교수·학습 과정안(국어과)

본시 주제	만화 영화 「구름빵」을 보고 생각이나 느낌 나누기	차시	5~6/11
학습 목표	만화 영화를 통해 생각이나 느낌을 이야기할 수 있다.		
학습 문제	만화 영화를 통해 생각이나 느낌을 이야기해 봅시다.		
수업 모형	질문 중심 하브루타		
창의지성 역량	협력적 문제 해결 능력, 의사소통 능력(인성 관련 지도 : 배려)		
창의지성 교육 내용	만화 동영상 「구름빵」		

도입 하브루타(5′)

◎ 우리가 먹는 빵들을 보여 주고 호기심을 통해 뇌를 자극, 워밍업하기
-여러분은 무슨 빵을 좋아하나요?
-빵가게에서 빵을 사 온 적이 있나요?
-빵을 직접 만들어 본 경험이 있나요?

◎ 학습 문제를 통해 핵심 문제 만들기
만화 영화를 통해 생각이나 느낌을 이야기해 봅시다.
-만화 영화의 내용은 무엇인가?
-생각이나 느낌을 나누고 알게 된 점은 무엇인가?

내용 하브루타(35′)

◎ 교과서 그림 살펴보기
-그림을 보고 어떤 내용인지 이야기해 봅시다.
-각 인물의 모습을 보고 앞으로 어떤 일이 일어날지도 예상해 봅시다.

◎ 만화 동영상 「구름빵」 보기

◎ 질문 만들기(1인당 3개 만들기)
-홍비와 홍시는 엄마에게 무엇을 가져다주었나?
-엄마, 홍비, 홍시는 '구름빵'을 먹고 어떻게 되었나?
-홍비와 홍시는 아빠를 찾아간 까닭은 무엇인가?
-엄마는 '구름빵'을 어떻게 만들었나?
-만화 영화의 내용은 무엇인가?

◎ 짝과 대화하기
-질문 꼬리잡기(2회)로 생각 깊게 하기
-한 사람의 질문과 상대의 답변이 끝나면 역할 바꾸어 하기

◎ 전체 토론
전체 활동으로 질문과 답변하기를 통해 여러 아이들의 질문과 답변을 듣는다.
(유의점 : 1학년 수준에서 가장 좋은 질문을 선별하기는 어려운 점이 있음)

적용 및 메타 하브루타(30′)

◎ 모둠 대화 : 만들고 싶은 빵을 생각하여 이야기를 바꾸어 꾸미기
-상상력을 발휘하여 창의적으로 이야기 꾸미기
-자기가 꾸민 이야기를 모둠별로 이야기 나누기

◎ 나만의 '구름 빵' 만들기
-준비물 : 일회용 위생봉투, 빨대, 빵 끈, 네임 펜

◎ 전체 대화 : 발표하기
-가장 인상 깊은 '구름 빵' 이야기 발표하기(인간 투명 빵, 미래를 보는 빵 등)

◎ 학습 문제 재확인(핵심 문제) 및 정리하기
새롭게 배우거나 알게 된 내용을 말하여 봅시다.
-생각이나 느낌을 나누고 알게 된 점은 무엇인가?

수업 후 성찰 – '너의 생각을 말해 봐' 재미난 공부 이야기 수업자 : 최○○

아이들은 말하기를 좋아한다. 듣는 것보다 자기 이야기를 끊임없이 이야기하며 친구들이 들어주기를 바란다. 쉬는 시간에도 공부시간에도 소곤소곤, 시끌시끌….

이러한 아이들에게 올바로 말하고 듣는 방법을 지도하는 것은 우리 교사에게 당연한 과제이기도 하다. 두서없이 말하는 것은 떠드는 것이요. 남의 말에 귀 기울이지 못하는 것은 인간관계를 바르게 형성하지 못하는 나쁜 습관이기도 하다.

그리하여 저학년부터 듣기·말하기의 올바른 습관 형성을 위해 중점적으로 지도하고자 아이들에게 학습 지도를 시작하였다.

생각을 표현할 수 있는 다양한 질문과 열린 마음으로 의견 나누기를 했다. 아이들은 질문 만들기를 쉽게 생각한다. 그냥 아무거나 물어보면 되는 줄 알고 교과서에 나오지 않는 내용이나 그림에 대한 질문도 쉽게 던진다. 처음엔 다음과 같은 질문도 했다. "23쪽에 나오는 사람은 몇 사람인가요?", "23쪽 그림에서 강아지는 어떤 모습이었나요?"글의 내용에 대한 질문보다는 숨은 그림 찾듯이 친구들이 맞힐 수 없는 문제를 상상하여 만들어 내고 친구가 대답을 못하면 고소해 하고 재미있어 했다.

아이들과 올바른 질문 만들기와 대답하는 학습을 시작했다. 1학년 아이들에게 생각을 말할 수 있는 질문 만들기 학습은 쉽지 않았다. 글의 내용을 완전히 이해해야 질문을 만들 수 있듯이 기초 학습이 덜 된 아이들에게 질문 만들기는 다소 무리가 있는 듯싶었다. 짝 활동이 잘되는 아이들이 있는가 하면 학습에 차이가 있는 아이들은 수업 진행이 어려웠다.

또한 모둠에서 가장 좋은 질문을 뽑을 때 아이들은 질문의 가치를 생각하지 않고 대다수가 영향력이 큰 친구의 질문을 뽑았다.

그래서 짝과 묻고 대답한 후에 이야기의 상대를 학급 전체로 하여 질문을 던지고 대답하는 수업을 몇 번 하였더니 아이들의 질문 만들기는 놀라울 정도로 달라졌다. 단답형 질문보다는 서술형 질문이 많아졌고 생각을 표현하는 질문도 많아졌다.

짝과 함께하는 의견 나누기는 아이들이 참 좋아하는 활동이다. 서로 묻고 대답하기도 하며, 같은 문제를 놓고 서로 의논하여 해결하려는 모습은 사뭇 진지했다. 상대방에게 대답을 듣고 "잘 들었습니다." 하고 말하게 했는데, 이는 상대방의 어떤 대답도 존중할 줄 아는 자세를 기르고 남의 의견을 듣는 올바른 태도를 기르기 위해서였다.

또한 모둠 활동을 통하여 서로의 의견을 듣고 내용을 정리하는 활동을 했는데, 같은 생각과 다른 생각들을 구분하고 정리하여 친구마다 생각이 다를 수 있다는 것을 알게 하기 위해서였다. 그리하여 다르다고 무시하거나 싫어하는 태도를 갖기보다 친구들의 의견을 서로 존중해 주며 자기의 의견도 당당하게 말할 수 있는 태도를 기르게 했다. 다양한 생각을 모아 어려운 문제도 쉽게 척척 해결하는 모습은 하브루타의 매력이기도 하다.

아이들은 틈만 나면 움직이고 이야기하기를 좋아한다. 집중력이 약한 저학년은 더군다나 몸을 바르게 앉아 있는 것을 무척 힘들어하고 항상 자유롭게 움직인다. 이러한 특징에 따라 발달 단계를 고려하여 수업 방법을 선택 적용해야 학습 효과를 키울 수 있다.

각 과목의 단원마당이 끝날 때 아이들이 과연 얼마나 배운 내용을 알고 있는지 궁금했다. 배운 내용을 알고 있어도 정리하여 말하기는 쉽지 않은 일이다. 말하기, 듣기, 읽기, 쓰기 중에서 가장 기억에 오래 남는 학습 방법은 말하기이다. 친구에게 배운 내용을 정리하여 말하는 훈련은 학습 내용을 오래 기억하게 할 뿐만 아니라 생각을 정리하여 말하는 훈련에도 많은 도움이 된다. 그래서 짝과 함께 차시별 또는 각 단원에서 배운 내용을 정리하여 말하게 하였다.

처음에는 차시별로 배운 내용을 1~2가지 정리하여 말하기를 시작하였다. 설명하기를 어려워하는 친구에게 책을 보고 배운 내용을 질문하며 대답한 내용을 연결하여 문장으로 표현하는 연습을 했다. 한 달이 지나면서 아이들은 조잘조잘 설명을 하기 시작했다. 더 나아가 배운 내용을 정리하여 단원 정리도 했고, 친구에게 더 가르쳐 주기 위해 노력하는 모습도 보였다.

친구에게 배운 내용을 설명하기 위해 학습 내용을 정리하고, 친구의 설명이 틀렸을 경우 서로 바로잡아 주는 활동을 하면서 스스로 학습하기 위한 자기주도적 학습 태도가 형성되었다. 마냥 어리게만 보이던 아이들이 스스로 공부하고 학습하려는 적극적인 태도를 보일 때 하브루타 수업을 하길 잘했다는 생각이 들었다.

수업 후 성찰 – 교실 안 수업 엿보기 수업자 : 최ㅇㅇ

우리 학급은 1학기부터 짝 하브루타를 실시해 왔으나 단순한 이야기 나누기에 불과해서 교육 효과에 대해 의구심도 들고 막막했다. 특히 질문 중심의 하브루타 수업은 우리 아이들의 특성상 시도가 어렵고 대화 중심 하브루타 수업이 수업 전략으로서 적당하다고 판단되어 대화 중심의 짝 하브루타 또는 모둠 하브루타로 설계하였다. 4개 학급이 같은 주제로 수업을 전개하더라도 학급마다 여건과 상황이 달라 수업 적용에는 조금씩 차이가 나타났다.

짝 하브루타는 상대방과 말하는 기회를 충분히 제공함으로써 친구의 생각을 듣고 자신의 생각과 비교한 후 새로운 생각 만들기를 촉진하는 데 좋은 장치이기는 하나 우리 학급 아이들이 아직은 미숙하여 학습 목표에 제대로 도달할 수 있을 것인지가 의문이었다. 그래서 수업 활동을 처음에 계획했던 3가지 활동에서 2가지 활동으로 줄이고 그 활동에 더 집중해서 수업을 설계했다.

아이들의 확산적 사고를 유도할 수 있는 좋은 질문 만들기가 더욱 중요하다고 판단되어 아이들에게 자신의 생각과 느낌을 정리하고 표현할 수 있는 시간을 충분히 갖게 하는 방법으로 접근했다. 자칫 밋밋한 수업이 될 수 있으나 수업의 목표에 충실해야겠다는 쪽으로 가닥을 잡으니 부담스러움은 완화되고 충분한 질문과 아이들의 반응을 살펴보는 여유까지 생겼다. 여전히 표현에 소극적인 아이들이 있지만 짝 하브루타에는 무리 없이 참여하는 것에 만족하였다.

수업을 마치면서 좋은 질문과 대답이 보였는지는 의문이다. 하지만 앞으로 아이들이 짝 하브루타를 통해 경청하기와 좀 더 생각을 깊게 말하기에 집중할 수 있도록 해야겠다고 생각했다.

'수업의 질은 교사의 질을 넘을 수 없다.'는 말처럼 교육의 주체는 교사이다. 새로운 패러다임으로의 전환에 따른 학생 역량의 중요성이 부각되고 있는 지금 미래인재 육성을 위한 교사의 역할은 단순히 지식을 가르치는 교육이 아닌 배움을 나누는 교육으로 가야 한다. 그러기 위해서는 '멀리 가려면 함께 가라.'는 아프리카 속담처럼 교실 문을 더 활짝 열고 많은 선생님들과 사이좋게 배움을 나눠야겠다.

사회과 토론 중심 하브루타 수업(4학년, 사회)

수업 연구 : 조ㅇㅇ, 김ㅇㅇ

수업 의도

조ㅇㅇ	본 차시는 지역 사회에 적합한 대표를 선택하는 기준에 대해 탐구한 후 친구들과 말하는 과정(짝 하브루타, 모둠 하브루타)을 통해 민주시민의 역할과 자세를 이해하고, 이를 생활 속에서 적용해 보는 데 중점을 두고 계획하였다. 따라서 지역 대표와 유권자의 바람직한 역할과 자세를 습득하여 바람직한 시민으로 성장할 수 있도록 다른 사람의 의견을 존중하고 수용하는 태도를 보이도록 지도한다.
김ㅇㅇ	어떻게 하면 학생들이 민주주의의 기초를 잘 이해할 수 있을까? 아니 단순히 이해하는 것보다 그것을 조금 의미 있게 체득할 수는 없을까? 하브루타 수업은 우리의 고민을 해결하는 데 훌륭한 방법을 제시하고 있다. 나와 생각이 다른 사람과 의견을 나누고, 모둠끼리 대화와 타협을 통하여 후보자를 선정하는 교육 활동을 통하여 학생들은 한층 더 성숙한 민주시민의 자질을 배우게 될 것이다.

소단원 차시별 계획

소단원	주요 내용	차시	차시별 학습 활동	교과서
2. 지역 대표를 뽑는 선거	선거의 필요성과 과정, 원칙을 이해하고 지역 대표와 유권자의 바람직한 역할과 자세 이해하기	5	선거의 필요성과 선거 과정 이해하기	130~ 133쪽
		6 (본시)	대표 선출 기준과 선거 원칙 알아보기	134~ 137쪽
		7~8	지방의회 모의 선거와 후보자가 되어 선거 홍보 벽보 및 선거 연설문 작성해 보기	138~ 141쪽
		9	지역 대표와 지역 주민의 바람직한 역할과 자세 이해하기	142~ 145쪽

하브루타 본시 교수·학습 과정안

본시 주제	대표를 뽑을 때의 기준 알아보기	차시	6/16
학습 목표	우리 지역의 대표를 뽑을 때 고려하여야 할 기준을 알 수 있다.		
학습 문제	우리 지역의 대표를 뽑을 때 고려하여야 할 기준을 알아봅시다.		
수업 모형	논쟁 중심 하브루타		
창의지성 역량	협력적 문제 발견 및 해결 능력, 의사소통 능력, 민주시민의식		
창의지성 교육 내용	텍스트1. 교과서 134~135쪽 텍스트2. 선거 후보자 홍보책자		

단계	배움 과정	배움 중심 교수·학습 활동 교사	배움 중심 교수·학습 활동 학생	시간	자료(㉣) 및 유의점(㉤)
도입 하브 루타	전시 학습 상기	◎ 전시 학습 생각하기 T : 지난 시간에 배운 내용을 짝과 함께 이야기해 봅시다. ◎ 동기 하브루타 T : 이번 시간에 배울 내용과 관련된 영상입니다. 영상을 보고 오늘 어떤 내용을 배우게 될지 생각해 봅시다. T : 영상을 통해서 알게 된 점은 무엇입니까?	-짝 하브루타를 통해 지난 시간 배운 내용을 나눈다. -호기심을 가지고 동영상을 보며 뇌를 자극, 워밍업한다. '선거 전 시민들의 인터뷰' 동영상 시청 S1 : 시민들이 지역의 대표가 될 후보자에게 바라는 점을 알 수 있었습니다. S2 : 여러 명의 후보자 중 시민들이 대표를 뽑을 때 후보자의 어떤 점을 중요하게 생각하는지 알 수 있었습니다.	5′	㉤편안하고 허용적인 분위기를 조성한다. ㉣'선거 전 시민들의 인터뷰' 동영상, PPT 자료
	학습 문제 확인	◎ 학습 문제와 핵심 문제 알기 우리 지역의 대표를 뽑을 때 고려해야 할 기준을 알아봅시다.			
	학습 활동 과 핵심 질문 알기	◎ 학습활동 안내(핵심 문제와 연결) 【활동 1】우리 지역의 대표가 되려면 고려해야 할 기준은? 【활동 2】내가 대표를 뽑는다면?			

		【활동 1】우리 지역의 대표가 되려면 고려해야 할 기준은?			
내용 하브 루타		◎ 기준을 질문으로 만들기 -교과서 134~135쪽을 소리 내어 읽어 봅시다. -읽은 내용을 참고해서 우리 지역의 대표를 선출할 때의 기준을 질문으로 포스트잇에 적어 봅시다.	교과서를 참고하여 질문을 만든다. -성실해야 하는가? -책임감은 있어야 하나? -공약은 믿을 만한가? -도덕성은 어떻게 알 수 있나? -사회 공헌도는 중요한가? -경력은 무엇을 의미할까?		㉔ 사회교과서, 포스트잇, 학습지
		◎ 짝 토론 -질문으로 정한 기준들에 대해 묻고 답하기 -질문을 공유하고 중요한 질문에 까닭을 들어 이야기하기	Q:지역 대표는 성실해야 할까? A:우리 지역의 대표가 될 사람은 반드시 성실해야 한다고 생각해. 왜냐하면 주민들을 위해서 인내하며 일을 해야 하기 때문이야.	15′	㉯ 생각이 다를 경우, 재질문, 반론을 하게 함
		◎ 모둠 토론 -각자 정한 지역 대표를 선출할 때의 질문 기준을 서로 공유하고 기준 정하기	-기준에 대한 질문을 통해 중요한 기준을 정하고 후보들의 점수를 모둠원들과 함께 의논하여 매긴 후 가장 높은 점수를 받은 인물을 대표로 선출한다. -(화이트보드에 기록)		㉔ 화이트보드, 보드마카 ㉯ 모둠원들끼리 서로 생각이 다를 경우에는 대화와 타협을 통해서 우선순위를 정할 수 있도록 함

		【활동 2】내가 대표를 뽑는다면?			
적용 하브 루타		◎ 대표 선출하기 -각 모둠별로 선거 후보자 홍보책자가 배달되었습니다. 지금까지 모둠에서 정한 기준들과 우선순위를 바탕으로 우리 지역의 대표로 가장 적합한 인물을 선출해 주세요. ◎ 발표하기 -모둠에서 정한 기준과 그 우선순위에 따라 어떤 후보를 선출하였는지 발표해 주세요.	-저희 모둠에서는 유○○ 후보를 대표로 선출하였습니다. 그 이유는 저희 모둠에서는 우리 지역의 대표를 선출할 때 고려하여야 할 기준들의 우선순위를 성실, 책임감, 사회공헌도, 경력, 도덕성 순으로 두었는데 유○○ 후보는 성실과 책임감 부분에서 높은 점수를 받았고 사회공헌도, 경력도 평균 이상의 점수를 받아 가장 저희 모둠에서 정한 우선순위에 적합한 인물이라 대표로 선출하였습니다.	15′	㉜선거 후보자 홍보책자
메타 하브 루타	정리 하기	◎ 쉬우르 -여러분이 뽑은 기준 중 성실을 선택한 사람이 가장 많다고 그 기준이 가장 옳은 최상위 기준이라 할 수 있을까요?	-아니요. 기준은 각자 다를 수도 있고 중요하다고 생각하는 기준은 변할 수도 있습니다.	5′	

		-만약 우리 지역의 대표가 아닌 우리 학급의 임원을 선출한다고 했을 때 생각해야 할 기준은 어떤 것이 있을까요?	-우리 학급의 임원도 우리 지역의 대표와 마찬가지로 성실, 책임감, 도덕성 등의 기준을 생각해 보아야 합니다.		
		-오늘 새롭게 배우거나 알게 된 내용을 친구에게 서로 설명해 줍시다.	-짝과 함께 오늘 새롭게 알게 된 내용을 설명해 주고 들으면서 정리한다.		

수업 후 성찰 – 교사가 바쁜 수업, 학생이 바쁜 수업 수업자 : 조○○

교단에 선 지도 어언 30년이다. 하나의 일에 30년을 매진하였다면 그 일에선 누구도 따라올 수 없는 전문가가 돼 있어야 하는 것이 정상이나 지금도 수업에 자신이 없어 누군가에 선뜻 내 수업을 내보이지 못하고 감추려만 드는 것이 현실이다. 그렇다고 수업 준비를 하지 않는 것도 아니다. 나름대로 수업 준비에 많은 노력을 한다.

미디어를 비롯한 각종 매체의 혜택을 받고 자란 아이들의 눈높이에 맞추기 위해 파워포인트 자료를 만들기도 하고, 스토리텔링을 적용해 아이들의 흥미를 높이고자 노력한다. 다른 반 선생님의 수업 내용을 받아들여 우리 반에 맞게 적용하려고도 애쓴다.

그러나 노력한 수고에 비해 결과에 대한 만족도는 그다지 높지 않다. 내가 의도한 대로 수업이 흘러가지 않는 경우도 많고, 아이들의 반응이

기대했던 것만큼 썩 좋지 않을 때도 있다.

왜 그럴까? 나는 바쁘게 수업 준비를 했는데 왜 아이들은 수업이 즐겁지 않을까? 그것은 바로 수업의 중심이 나였기 때문이었다. 잘 가르치기 위해 나 혼자 열심히 공부하고, 열심히 자료를 준비해서 열심히 수업을 이끌어 가다 보니, 아이들은 그저 수동적인 상태에서 수업을 받아들여야만 했다. 그래서 아이들은 지루하고 나 혼자만 바쁜 수업이 되고 말았던 것이다.

이런 문제를 극복하고자 이번 수업은 하브루타 수업으로 계획하여 실행하였다. 하브루타 수업은 교사의 일방적인 설명이나 가르침을 지양하고 아이들의 서로 묻고 대답하는 과정에서 학습 목표를 찾아 도달하는 수업인 만큼, 교사는 덜 바쁘고도 학생들이 원하는 즐거운 수업이 될 수 있기 때문이다.

먼저 짝 하브루타를 통해 지난 시간에 배운 내용을 다시 한 번 되짚어 보고, 동기유발 자료를 보며 이번 시간에 공부할 내용과 학습 목표를 찾아보도록 하였다. 학습 내용이 아이들이 일상생활에서 경험한 선거와 관련된 내용이므로 아이들의 경험 나누기는 매우 활발하게 이루어졌다.

학습 활동은 크게 2가지이다. 첫째 활동은 지역의 대표를 뽑는 다양한 기준에 대해 알아보고 바람직한 기준을 정하는 것이고, 그 다음은 정해진 기준에 따라 직접 후보자를 선택하는 활동이다.

이런 활동은 아이들이 민주시민으로 성장해 가는 데 매우 중요한 역할을 하는 것인 만큼 수업 과정 자체가 민주적인 방법으로 이루어지도록 하는 것이 중요하다. 따라서 교사의 일방적인 설명이나 선택을 강요하지 않고, 미흡하나마 아이들이 모둠 토론을 통해서 스스로 선택하고 결정한 것을 존중하고 적극적으로 수용해 주는 것이 필요하다.

다만 올바르지 못한 선택과 적용을 일반화하는 오류가 있을 수 있으므로 이 부분은 쉬우르를 통해 교사가 반드시 정리를 해 주어야 한다.

수업 후 성찰 – '속앓이 수업'을 마치고 수업자 : 김○○

"얘들아 이렇게 이야기해야지~ 아니, '지역의 대표를 뽑는 기준'에 대해서 토론하는 시간인데, 왜 자기 어렸을 때 경험을 얘기하고 있니?"

이렇게 또 속앓이를 한다.

수업 시간에 조금이라도 엉뚱한 소리가 나오면 일단 마음이 불편하다. 학생들이 내가 그려 놓은 시나리오대로 움직이기를 바라는 것이 지나친 욕심일까? 그렇지만 매 수업 시간마다 달성해야 할 학습 목표와 배워야 할 개념이 있다. 아예 '토론'이라는 과목이 있어서 마음 편하게 토론을 하면 모를까, 수업 시간에 적용 활동으로 토론을 할 때면 늘 이렇게 애를 먹는다.

하브루타 수업을 하면서 '교사가 어디까지 개입을 하는 것이 좋을까?'에 대한 고민을 늘 해 왔다. 교사의 의도에 벗어난 결론이 나왔을 때 그것을 인정해 주어야 할지, 아니면 그때그때 교정을 해 주어야 할지 나에게는 가장 큰 화두였다.

학생들이 모둠별로 발표하는 것을 보고 수업 의도와 빗나가는 것을 느꼈다. 학습 목표는 지역의 대표를 뽑을 때 고려해야 할 기준을 토론을 통하여 아는 것이었다. 수업의 의도는 활동 1에서 학생들이 여러 가지 기준을 생각해 보고, 활동 2에서 앞서 정한 기준을 바탕으로 대표를 직접 선정해 보는 것이었다.

그런데 학생들은 앞서 정한 기준을 바탕으로 후보자를 고르지 않고, 후보자 공약집에 소개된 공약을 보고 자신에게 유리한지 아닌지를 판단하여 후보자를 골랐다. 특히 후보자의 외모나 특정 공약에 주목하는 학생이 더러 있었다. 후보자 공약집을 만들어 학생들로 하여금 직접 대표자를 뽑는 활동은 참신했지만, 활동 1과 매끄럽게 이어지지 않은 것이 문제였다.

그래도 학생들이 즐겁게 수업에 참여하는 모습은 인상적이었다. 비록 수업 목표에서 조금 벗어났지만, 친구들과 열띤 토론을 해 보는 경험 자체가 학생들에게 유익한 시간이었다. 다음 하브루타 수업에는 학생들이 즐겁게 토론을 하면서도 수업 목적에 알맞은 질문으로 대화하는 시간을 만들고 싶다. 하브루타 질문 수업에 또 다시 기대를 한다.

04
하브루타 환경 수업
연구 사례

토론 중심의 하브루타 환경 수업은 하브루타를 알게 된 2014년 6학년 박○○ 교사의 요청에 의해 계획하게 되었다. 박○○ 교사의 경험에 비추어 본 수학여행은, 학생들이 수학여행을 자신들만이 누릴 수 있는 특권으로 여기고 여행기간 동안에 마음껏 즐기고 먹는 놀이 문화로 착각하고 행동할 수 있다는 것이다. 실제로 학생 시절의 이러한 여행 문화는 어른이 되어서도 환경을 생각하거나 현지인들의 불편을 배려하기보다는 자신의 이익만 챙기는 관광객으로 전락하는 경우가 생길 수 있다는 우려를 낳는다.

요즘같이 여행이 일상이 되어가는 때에 수업을 통해 환경 친화적인 공정수학여행의 의미를 알게 하고, 이에 맞게 준비·실천하여 여행을 새롭게 인식하고 환경을 배려하는 어른들로 커 주길 바라는 마음이다.

수업 의도

지난 50년 세계 인구가 두 배로 늘어나는 동안 세계 관광인구는 36배의 증가율을 기록했다고 한다. 관광산업은 세계 GDP의 10.3%를 차지하며 세계 노동의 8.7%를 고용하는 거대한 산업으로 성장해 왔다.

그러나 관광산업이 급속도로 발달하여 해마다 국내외 여행객들의 수치가 증가하고 있는 것과 더불어 전 세계적으로 경제적인 이익이 되는 사업이라면 자연환경 파괴와 지역 문화 파괴 등 자연환경의 심각한 문제를 뒤로 한 채 무분별한 개발이 이루어지고 있는 실정이다. 관광객 또한 자신의 여행을 위해서는 환경에 빨간 경고등이 켜지고 있어도 전혀 신경 쓰지 않는다.

물론 이러한 현상의 문제점을 심각하게 생각해서 환경을 살리려는 사람들의 노력도 이어지고 있다. 그러나 그러한 노력은 극히 미비하다.

따라서 어릴 때부터 여행의 의미를 놀이 위주의 즐기는 문화로 받아들이고 관광객을 위한 특권인 듯 자연환경을 파괴하고 지역 문화를 훼손해도 된다고 생각하지 않도록 잘못된 사고를 바르게 인식시켜야 한다. 환경에게 미안한 마음으로 자연환경을 위로하고, 배려해 주는 공정(착한) 여행을 계획하고 실천하는 기회를 가져 환경을 생각하고 소중히 여기는 습관을 갖게 해야 한다.

환경부와 교육부에서 추진하는 생태관광 수학여행 프로그램을 참고하여 장소를 정한다. 또한 수업에서 모둠토의를 통해 환경 친화적인 실천 방법을 정하고, 이를 수학여행지에서 실천, 성찰하여 건전하고 성숙된 시민환경의식을 고취하고자 한다.

학습 목표 및 학습 효과

학습 목표

- 자연 학습형 생태 체험, 친환경적인 수학여행 문화를 조성한다.

- 환경을 살리고 보존하려는 의지를 키워 공정(착한)여행을 실천한다.

- 환경을 위로하고 배려하는 방법을 모둠토의를 통해 정하여 실천 후 평가, 성찰하여 시민환경의식을 고취한다.

학습 효과

- 생태 체험, 친환경적인 수학여행 문화로의 변화를 기대할 수 있다.

- 어릴 때부터 여행의 의미를 바르게 알고 환경을 살리고 보존하려는 의지를 키워 공정(착한)여행을 실천할 수 있다.

- 환경에 미안한 마음을 가지고 환경을 위로할 수 있는 방법을 토의하여 실천 및 평가, 성찰을 통해 올바른 시민환경의식을 고취할 수 있다.

창의적 체험활동과 사회과 환경 수업의 재구성

(2009 개정 사회과 교육 과정에서 '환경과 조화를 이루는 국토' 단원이 5학년으로 변경됨)

주요 배움 내용

수업 단계	교과 및 차시	사회과 학습 내용	배움 내용
환경 친화적인 공정여행 이해	창체 (1/4) 사회 (4/11)	인간과 환경의 관계 이해하기	-공정(착한)여행이란? -공정(착한)여행의 필요성 및 중요성 알기 　(관광 산업의 발달에 따른 환경문제 알 　기) -멸종위기 야생동식물, 천연기념물 조사 발 표하기 　(환경부 지정 생태관광지역 참고) 과제학습 생태 체험을 위한 연구, 조사 학습
공정 수학여행 계획 및 준비 (본시)	창체 (2/4) 사회 (6~7/11)	친환경적인 태도를 지니고 실천하기	-가족여행 중에 환경에게 미안했던 경험 나 누기 -공정(착한)여행 십계명 알기 -환경을 위로하는 방법 정하기 　모둠 토의(브레인 라이팅)하기 -모둠별 환경을 위로하는 실천 방법 발표하 기 -실천 의지 다지기
실천 후기 나누기	창체 (3~4/4)	친환경적인 실천 경험 나누기	-환경을 위로했던 실천 후기 나누기 　(모둠별 실천 결과 평가표 및 실천 근거 자료 제시) -가족여행에서의 공정여행 경험 및 실천 나 누기

활동 내용

영역	활동 내용
연구 조사 및 발표	-수학여행 장소(인제-용늪 생태마을) 조사, 발표 -멸종위기 야생동식물, 한국 고유종 천연기념물 조사 -환경을 위로하는 환경 친화 실천 방법 연구 및 준비 　(예 : 1회용품 사용하지 않기 : 도시락과 간식 그릇에 담아 오기, 물 　통 준비)
탐사 및 실천	-용늪생태마을 체험 및 탐사하기, 이야기숲길 걷기 -환경 친화적인 공정여행(수학여행, 가족여행) 실천 나누기

학습자의 수준 및 실태 분석

수업을 디자인하기 위해 제일 먼저 해야 할 일이 본 수업과 관련된 학습자의 수준 및 실태를 파악하는 일이다. 학습자의 환경에 대한 실태를 파악하기 위해 설문조사를 실시하였다.

환경 친화적인 삶의 필요성과 중요성 인식도(N=30)

영역	환경 친화적인 삶의 필요성과 중요성을 매우 잘 알고 있음	환경 친화적인 삶의 필요성과 중요성을 알고 있음	환경 친화적인 삶의 필요성과 중요성을 전혀 알지 못함	계
N	24	6	0	30
%	80.0	20.0	0.0	100

공정(착한)여행에 대한 관심 및 인지도(N=30)

영역	공정(착한)여행의 의미를 알고 실천하려고 노력함	공정(착한)여행의 의미를 알고 있으나 실천하지 못함	공정(착한)여행의 의미를 알지 못하고 실천하지 못함	계
N	0	2	28	30
%	0.0	6.7	93.3	100

환경 친화적인 공정수학여행에 대한 관심도(N=30)

영역	환경 친화적인 공정수학여행을 적극적으로 준비하고 실천하려 함	환경 친화적인 공정수학여행을 준비하고 실천하는 데 관심 있음	환경 친화적인 공정수학여행을 준비하고 실천하는 데 관심 없음	계
N	22	8	0	30
%	73.3	26.70	0.0	100

결과 분석 및 적용

대부분의 학생이 환경 친화적인 삶의 중요성과 필요성을 잘 알고 있음에도 불구하고 실천하려는 의지는 매우 약하며 특별한 노력을 하고 있지 않았다. 또한 공정(착한)여행의 의미를 대부분 학생(93.3%)이 모르고 있었으며 100% 학생이 실천하지 못한 상황이다. 그러나 환경 친화적인 공정수학여행에 대한 관심은 매우 높았으며 많은 학생(73.3%)이 적극적으로 준비하고 실천하려는 의지를 보였다.

본 차시에서는 모든 학습자가 자신의 의견을 말하고 참여할 수 있도록 브레인 라이팅(Brain Writing) 토의와 질문과 대답으로 이루어지는 하브루타를 적용하여 환경을 생각하는 실천 가능한 방법을 모아서 결정하고 준비할 수 있도록 한다. 아울러 놀이 위주의 여행을 했던 경험을 생각하며 환경 문제를 해결하기 위해 노력하지 못했던 미안함을 가지고 적극적으로 실천하려는 의지를 갖게 할 계획이다.

하브루타 본시 교수 · 학습 과정안

교수·학습 과정안은 형식이 거의 비슷하다. 수업 과정안을 읽어도 수업을 보기 전까지는 머릿속에 수업 상황이 쉽게 그려지거나 예상할 수 없는 경우가 많다. 교수·학습 과정안은 수업자가 미리 수업을 설계하고 디자인하는 과정이기도 하지만 수업을 이해할 때는 수업자와 참관자 사이에 소통의 도구로 활용된다.

따라서 본시 수업 과정을 그림과 말풍선을 넣은 만화 형식으로 구성하여 수업 참관자가 쉽고 빠르게 수업 상황을 이해하도록 하였다. 만화 형식은 수업자 본인이 하브루타의 질문과 학생의 예상 대답을 더 깊게, 더 많이 생각하기 위한 것으로 수업의 오류를 최대한 줄이려는 수업자의 내적 고민의 결과이다.

단원	3. 환경을 생각하는 국토 가꾸기		
학습 주제	환경을 위로하는 실천 방법 토의하기	수업 모형	토의 · 토론 학습 모형
차시	2/4(사회과 7/17)	교과서 쪽	110~111쪽(사탐 86쪽)
학습 목표	미안한 마음을 가지고 환경을 위로하는 실천 방법을 토의할 수 있다.		
자료 및 도구	2절지 도화지, 포스트잇(노랑, 분홍), 네임펜		

학습 단계	학습 과정	교수 · 학습 활동		시간	자료 및 유의점
		교사	학생		
주제 확인 하기	동기 유발	여행을 하면서 "환경아, 미안해"라고 말하고 싶었던 경험이 있나요?	캠프장의 산더미 같은 쓰레기가 있을 때요. / 음식이 입에 맞지 않아 남길 때입니다.	3′	발문 시 유의점 전 차시 배운 내용과 경험을 연결시킬 수 있게 발문함
		'공정여행 십계명'을 알아볼까요?	6계명은 '길 위의 생명을 존중하자. 동물을 학대하는 쇼나 프로그램에 참여하지 말자'예요. / 5계명은 '자원을 아끼고, 환경을 보호하자. 일회용품을 사용하지 않고, 물을 아끼자'입니다.	2′	발표 시 유의점 '공정여행 십계명' 중 환경 문제와 관련된 내용 위주로 발표하게 함

	학습 문제 확인	이번 시간의 학습 문제를 말해 볼까요? 학습 문제로는 환경을 위로하는 수학여행의 실천 방법을 정해 보자. 실천 방법을 정하려면 어떤 활동을 하면 좋을까요? 토의를 해서 실천 방법을 정하면 좋겠어요.		
토의 준비 하기	토의 주제 확인	심각한 환경 문제를 조금이라도 해결하는 방법이 무엇일까? 환경 친화적인 수학여행을 위해 꼭 실천할 수 있는 방법을 각자 기록합니다. 우리들이 실천할 수 있는 방법을 생각해야지~.	5′	토의 방법 '브레인 라이팅' 방법으로 모둠원 각자의 생각을 쓴 후 생각을 모아 분류하며 가장 좋은 방법을 결정함 토의 자료 2절지, 펜, 포스트잇
토의 하기	의견 나누 기	각자 기록한 의견을 나누고 분류하면서 궁금한 것은 질문하고 대답해 보세요. 나는 음료수를 사 먹지 말고, 물통을 준비해서 가지고 다니며 물을 받아서 마시면 좋겠어. 멸종 위기 동식물을 조사하고 관찰하여 학교 내에서 동식물 보호 홍보 활동을 하면 어떨까?	10′	토의 시 유의점 -발언 의욕 : 나의 생각을 말하고 싶다. -확인 의욕 : 친구와 같을까? 다를까? -질문 의욕 : 이유가 뭘까? 왜 그렇게 생각해?

189

| 정리 및 평가하기 | 토의 결과 정리 및 발표 | 모둠에서 토의를 통해 결정한 방법을 발표해 보세요.

우리 모둠은 비닐봉지를 사용하지 않기 위해 보조가방을 가지고 다니며 기념품이나 물품을 담기로 했습니다.

다른 모둠의 토의 결과 내용을 듣고 질문이나 보충 생각이 있으면 말해 볼까요?

가능하면 대형마트에서 과자 같은 간식을 미리 사 가지고 말고 현지에서 간식을 사 먹는 것이 좋겠습니다.

2모둠은 공장여행을 어떤 방법으로 홍보할 계획인가요? | 10′ | 모둠 토의 발표 자료

토의 결과 발표 결과 발표를 하고 서로 질문과 대답을 통해 실천 가능성과 준비 및 어려움을 자연스럽게 알고 수정하게 함 |
| | 실천 의지 다지기 | 모둠에서 토의를 통해 결정한 내용을 실천하기 위해 어떤 준비가 필요한지, 어려움은 없는지 실천 방법을 구체적으로 나누어 보세요.

일회용품을 사용하지 않으려면 점심은 도시락통에 담아 오자.

우리 모둠은 실천표를 만들어 매일 체크해 보자. | 7′ | 실천 의지
실천하려는 마음으로 연결될 수 있도록 발언하고 표현의 기회를 줌 |

수업을 위한 TIP

공정(착한)여행의 필요성

- 여행 산업이 발달하지만 현지의 상황은 크게 개선되지 않고 오히려 환경 파괴와 지역 문화 파괴 등으로 이어지는 경우가 많다.
- 관광지 조성으로 인한 환경 파괴, 동식물의 위협, 물과 자원 문제가 심각하다.
- 관광지 조성으로 지역 토착민을 내몰고 지역 문화와 공동체를 타락시킨다.
- 관광산업의 수입 누출 현상, 즉 관광객이 소비한 돈이 현지 지역 발전을 위해 쓰이지 않고 몇몇 선진국의 대기업으로 누출된다.
- 현지 문화를 존중하지 않는 여행객으로 인한 인권 문제가 심각된다.

공정(착한)여행 십계명

1. 다른 지역으로 여행하는 것이 관광객으로 당연한 권리가 아닌, 놀라운 특권이라는 것을 생각하고 감사한 마음으로 행동하자.

2. 여행 지역에서 소비하자. 현지인이 운영하는 숙소와 음식점, 가이드 교통시설을 이용하자.(가능한 한 패키지 여행을 자제하자.)

3. 여행지에 대해 공부하자. 그들의 문화와 예의, 정치 상황, 언어 한두 마디는 알고 가자.

4. 여행하는 국가의 사람과 문화, 종교, 시간관념의 차이를 존중하자. 허가를 받고 사진을 찍자. 현지인과의 약속은 꼭 지키자. "감사합니다." "죄송합니다."라는 말을 잘 하자.

5. 자원을 아끼고, 환경을 보호하자. 일회용품을 사용하지 않고, 물을 아끼자. 그리고 비행기 이용을 줄이자.

6. 길 위의 생명을 존중하자. 동식물을 돌보고 돌고래쇼, 코끼리 타기 등 동물을 학대하는 쇼나 프로그램에 참여하지 말자. 멸종위기 동식물을 이용한 기념품을 구매하지 말자.

7. 윤리적인 소비를 하자. 과도한 쇼핑과 면세점 이용을 자제하고 현지인의 상품을 구매하자. 공정무역 제품을 이용하고 지나친 할인 요구를 하지 말자. 기꺼이 더 지불하겠다는 마음을 가지자.

8. 현지에서 일어나는 비윤리적인 일에 항의하고 거부하자.

9. 골프나 비도덕적인 관광은 하지 말자.

10. 여행 후 여행을 돌이켜 보자. 기록하고 정리하자. 필요하다면 시민 사회단체에 기부하자. 공정여행에 대해 사람들에게 알리자.

하브루타 환경 수업 활동 모습

05
동화책을 활용한
하브루타 인성 교육 연구 사례

협동을 미덕으로 한 질문 빙고 놀이 수업

수업 연구 : 마음별두드림연구회 이○○

활용 동화	으뜸 헤엄이(레오 리오니 글, 그림)
주요 덕목	협동
관련 덕목	존중, 질서, 예의, 협동, 자주, 책임, 끈기, 도전, 성실, 공정
학습 목표	으뜸 헤엄이의 경험을 통해 협동의 방법을 알 수 있다.

수업 의도 및 TIP	자료 의 의의	간단한 동화이지만 '협동'이라는 주요 미덕을 담고 있다. 협동이 무엇인지 다양한 하브루타 방법(질문 빙고 놀이, 질문 꼬리잡기 등)을 활용하여 상호 질문과 답변의 과정을 통해 '협동' 핵심 미덕을 끌어낸다.
	수업 방향	혼자 남았을 때와 함께 했을 때의 변화를 이해하고, 협동이 단순히 힘을 모으는 것이 아니라 공동의 목표를 공유하고 각자 역할에 최선을 다하는 것이 우선임을 인식하도록 한다. 이런 인식 속에서 협동의 미덕을 긍정적으로 인식하고 내면화를 통해서 태도의 변화를 이끌어 낸다.
	적용 학년	저·중·고학년 모두 가능
	소요 시간	40분 구성

하브루타 과정		수업 내용	핵심 질문 / 주제 질문
준비 하브 루타 (5′)		◎ 질문 방법 익히기 -'백설공주' 이야기를 생각하며 질문을 만들어 보자. (나온 질문을 가지고 사실, 방법, 이유, 감정으 로 질문을 분류) ①사실(무엇) 예) 백설공주를 죽게 만든 것은 무엇인가? ②방법(어떻게) 예) 마녀는 공주를 어떤 방법으로 죽이려고 했는가? ③이유(왜) 예) 백설공주는 왜 마녀에게 대항하지 않았나? ④감정(느낌) 예) 마녀는 백설공주가 더 예쁘다는 말을 듣 고 어떤 마음이 들었을까? ⑤상상(만약) 예) 백설공주가 좀 더 현명했다면?	

도입 하브 루타 (5′)	열기	◎ 제목과 표지 보고 이야기 나누기 -'으뜸 헤엄이' 제목을 보고 질문을 만들어 보자. ◎ 동화책 일부 듣기 ("그렇다고 언제까지… 무슨 수를 생각해 봐야지."까지) ◎ 학습 문제 알기 으뜸 헤엄이의 경험을 통해 협동의 방법을 알아보자. -으뜸 헤엄이의 경험은 무엇인가?(핵심 질문) -어떤 방법으로 협동할 수 있을까?(핵심 질문) -협동의 방법을 알고 배운 점은?(핵심 질문)	-왜 으뜸 헤엄이일까?
내용 하브 루타 (10′)	이해	◎ 질문 5개 만들기 -들려준 내용까지 빙고 판에 질문 만들기 -사실, 방법, 이유, 감정, 상상 등의 질문을 만든다. ◎ 전체 질문 빙고 놀이 -같은 내용의 질문을 체크하고 3개가 공통된 학생이 '원빙고' 한다.(tip : 좋은 질문에 의도적인 칭찬을 함) -선생님이 가지고 있는 질문이 무엇일까 맞추어 보자. ('으뜸이가 생각해 낸 좋은 방법이 무엇일까?')	-으뜸 헤엄이의 경험은 무엇인가?(핵심 질문) -으뜸 헤엄이는 까맣게 태어나서 어땠을까? -친구들이 다랑어에게 잡아먹혀 혼자 살아남아 어떤 심정일까? -으뜸이가 생각해 낸 좋은 수(방법)는 무엇일까?
심화 하브 루타 (15′)	상상	◎ 모둠 하브루타 -'으뜸이가 생각해 낸 좋은 방법?'을 주제로 이야기 나누기 -모둠별 최선의 방법 선정, 보충, 정리하기 ◎ 전체 나눔 -각 모둠별로 최선의 방법 발표하기 -필요시 발표에 대한 질문 꼬리잡기로 정교화하기	-으뜸이가 생각해 낸 좋은 수(방법)는 무엇일까?

메타 하브 루타 (5′)	종합	◎ 전체 쉬우르 -모둠별로 생각해 낸 방법의 공통점은 무엇인가? 　(예상 답 : 협동이다) -이 협동을 위해서 필요한 미덕은 무엇인가? 　(예상 답 : 신뢰, 존중, 이해, 관용, 끈기, 도전…) ◎ 개별 하브루타 -'협동하는 방법', '협동의 방법을 알고 배운 점'을 주제로 배움 공책에 정리하기	-이야기에서 말하고자 하는 미덕은? -협동의 미덕과 관련된 미덕은? -어떤 방법으로 협동할 수 있을까?(핵심 질문) -협동의 방법을 알고 배운 점은?(핵심 질문)

활동지 부록

질문 빙고 놀이판 예시

질문 빙고 놀이 1 (가로 또는 세로 중 원빙고 승!)	질문 빙고 놀이 2 (순서에 상관없이 3개의 질문이 먼저 친구들과 동일하면 빙고!)
<table><tr><td></td><td>1.</td><td></td></tr><tr><td>2.</td><td>3.</td><td>4.</td></tr><tr><td></td><td>5.</td><td></td></tr></table>	1. 2. 3. 4. 5.

질문 빙고 놀이의 질문 예시

질문 빙고 놀이 1 (가로 또는 세로 중 원빙고 승!)			질문 빙고 놀이 2 (순서에 상관없이 3개의 질문이 먼저 친구들과 동일하면 빙고!)
	1. 왜 으뜸헤엄이인가?		1. 왜 으뜸헤엄이인가?
2. 친구들이 죽었을 때 어떤 느낌이 들었을까?	3. 으뜸헤엄이가 생각해 낸 방법은 무엇?	4. 으뜸헤엄이가 만난 친구들은 누구누구인가?	2. 친구들이 죽었을 때 어떤 느낌이 들었을까? 3. 으뜸헤엄이가 생각해 낸 방법은 무엇? 4. 으뜸헤엄이가 만난 친구들은 누구누구인가?
	5. 작가는 왜 이 책을 썼을까?		5. 작가는 왜 이 책을 썼을까?

수업 후 성찰 – 아이들이 계속 생각하게 하는 수업

가장 핵심적인 학습 내용은 아이들에게 먼저 질문의 방법을 알려 주는 것이었다. 모두가 아는 이야기를 가지고 질문을 만들면서 질문의 종류는 사실, 이유, 방법, 느낌, 상상 질문 등으로 나누어진다는 것을 함께 알아 갔다.

아이들은 생각보다 쉽게 질문의 종류를 파악했다. 질문의 종류에는 이 러한 것들이 있다는 지적인 이해보다는 '참 질문이 다양하게 만들어질 수 있구나.'를 깨닫고 질문에 대한 자신감과 유연성을 갖도록 하는 것이 목적이었다.

다행히 아이들은 잘 따라 주었다. 모범생 중에는 이 5가지 질문에 맞추어 '으뜸헤엄이'의 질문을 만들어야 하는지 되묻는 아이들도 있었지만, 나는 이야기를 중간까지 들려주고 자유롭게 이야기를 나누도록 하였다. '으뜸이는 어떤 방법을 생각해 내었을까?'라는 질문을 찾아내는 것이 관건이었다.

다행히 아이들은 중요 질문을 잘 찾았다. 이 질문을 가지고 모둠별로 해결책을 상상하도록 하였다. 학급별로 해결책을 찾아가는 방법은 다양했다. 자기표현이 자유로운 아이들은 "피라냐와 계약해서 데리고 와서 다랑어를 해치워요.", "죽은 피라냐의 이빨을 얻어서 입에 끼고 다녀요." 등 기발한 말을 했다. 대부분은 "큰 물고기를 만들어서 큰 물고기인 척한다."였고, "다른 작은 물고기들에게 용기를 주어 훈련을 시켜요.", "다른 안전한 곳으로 이사를 가고, 지키는 파수꾼을 두어서 큰 물고기가 나타나면 대피하는 훈련을 해요." 등 현실적인 답변들도 나왔다.

답변을 찾는 것을 들으며 '좀 더 신선한 대답은 없을까?'를 갈구하는 내 자신을 느낄 수 있었고, 모범적인 말을 하는 아이들이 못마땅하기도 하였다. 그러나 문득 중요한 것은 자신들의 의견을 통해 '협동'을 찾도록 안내하는 것임을 깨닫고 바로 질문을 던졌다. "여러분의 질문에서 공통점이 뭐지요?" 아이들은 "서로 힘을 합치고 마음을 하나로 하는 거요.", "협동이요."라는 교사가 원하는 답을 했다.

아이들의 적극적인 반응에 좀 더 나아가서 '협동'과 연결된 미덕을 끌어내는 발문을 던졌다. "그래요. 그럼 협동과 관련된 미덕들에는 무엇이 있을까요? 협동을 하려면 어떤 미덕이 함께 필요할까요?" 아이들은 눈을 반짝이며 "신뢰요. 서로 믿음이 있어야 가능하니까요.", "존중이요. 존중하는 마음이 있어야 잘 뭉쳐요."라며 기특하게 잘 끌어냈다.

하브루타 수업의 매력은 아이들을 계속 생각하게 한다는 것이다. 아이들을 방관자로서의 관객이 아니라 적극적인 참여자로서 수업 내용에 몰두하게 하는 힘이 있다. 인성 교육에서도 무조건적인 훈계가 아니라 이렇게 생각하면서 미덕을 끌어내고 관련 미덕과 연결하는 과정에서 아이들이 그 미덕을 내면화할 수 있다. 아이들이 신나고 재미있는 수업, 교사인 나도 정말 즐겁다.

나눔을 미덕으로 한 질문 꼬리잡기 놀이 수업

수업 연구 : 마음별두드림연구회 최○○

활용 동화	돌멩이국(존 무스 글, 그림)	
주요 덕목	나눔	
관련 덕목	존중, 질서, 예의, 협동, 자주, 책임, 끈기, 도전, 성실, 공정	
학습 목표	돌멩이국을 끓이는 과정을 통해 함께 살아가기 위한 나눔의 의미를 이해할 수 있다.	

수업 의도 및 TIP	자료의 의의	더불어 함께 행복한 삶을 살아가기 위한 '나눔'이라는 주요 미덕을 담고 있는 그림동화를 함께 읽음으로써 짝 대화를 통한 하브루타 방법을 활용하여 상호 질문과 답변의 과정을 통해 '나눔'의 의미를 스스로 찾아내는 기회를 제공한다.
	수업 방향	하찮은 돌멩이 3개로 국을 끓이는 과정을 통해 나눔이란 크고 대단한 것을 가지고 있어야만 가능한 것이 아니라 지금 나의 자리에서 마음을 열어 살펴보고, 알아채고, 나를 내어 주는 자연스러운 과정임을 인식하도록 한다.
	적용 학년	저·중·고학년 모두 가능
	소요 시간	80분 구성

하브루타 과정		수업 내용	핵심 질문 / 주제 질문

사전 하브 루타 (5′)		◎ 질문의 방법 익히기
		-'1:99'라는 시를 읽고, 질문을 만들어 보자.
		  (나온 질문을 가지고 사실, 생각(방법 및 이유), 상상, 감정 질문으로 분류)
		①사실
		  예) 할머니의 직업은 무엇인가요?
		②생각-이유(왜)
		  예) 해녀 할머니는 왜 스킨 스쿠버 장비를 사용하지 않았나요?
		③상상(만약)
		  예) 내가 할머니였다면 어떻게 했을까요?
		④감정(느낌)
		  예) 이 시를 읽고 어떤 느낌이 드나요?	

도입 하브 루타 (15′)	열기	◎ 학습 문제와 핵심 질문 만들기
		돌멩이국을 끓이는 과정을 통해 함께 살아가기 위한 나눔의 의미를 이해할 수 있다.
		-돌멩이국을 끓이는 과정은 어떠한가?
		  (핵심 질문)
		-함께 살아가기 위한 나눔의 의미는 무엇인가?
		  (핵심 질문)
		◎ 제목과 표지 보고 이야기 나누기
		-'돌멩이국' 제목을 보고 질문을 만들어 보자.
		◎ 동화책 듣기
			-왜 돌멩이국일까?

내용
하브
루타
(20′)
	이해	◎ 질문 3개 만들기(피라미드 토의)
		-들려준 내용에서 궁금한 것에 대해 질문 3개
		  만들기
		-사실, 생각(방법, 이유), 감정(느낌), 상상 질문
		  을 만든다.
		-3개의 질문 중에서 짝과 이야기 나누고 싶은
		  질문을 각자 한 가지 정하기
		◎ 짝 하브루타
		-Prep 방법으로 짝 대화를 통해 모둠과 나누고
		  싶은 질문 한 가지 정하기(각 2분 짝 대화 나
		  누기)
		◎ 모둠 하브루타
		-짝과 정한 한 가지 질문을 각각 가지고 모둠
		  대화를 통해 모둠과 나누고 싶은 질문 한 가
		  지 정하기
		  (각 2분 모둠 대화 나누기)
			-돌멩이국의 의
			 미는 무엇일까?
			-스님은 왜 돌멩
			 이국을 끓였을
			 까?
			-마을 사람들이
			 함께 행복해지
			 기 위해 필요했
			 던 것은 무엇일
			 까?
			-돌멩이국을 끓
			 이는 과정은 어
			 떠 한가? (핵심
			 질문)

심화
하브
루타
(25′)
	상상	◎ 모둠별로 정한 질문 발표하기
		-모둠별로 생각해 낸 주제에서 공통적으로 다
		  루는 것은 무엇인가?
		  (예상 답 : 나눔입니다.)
		-'나눔이란 무엇일까?"라는 주제로 이야기 나
		  누기
		◎ 전체 토론
		-각 모둠별로 '나눔이란 무엇일까?'라는 주제
		  로 이야기 나누기
		-모둠 대화에서 꼬리잡기로 생각을 깊게 하기
			-나눔이란 무엇
			 일까?
			-무엇을 나눌 수
			 있을까?
			-나눔을 받은 예
			 와 그때의 기분
			 은?
			-나눔을 했던 예
			 와 그때의 기분
			 은?

메타
하브
루타
(15′)
	종합	◎ 쉬우르
		-나눔을 실천하기 위해서 필요한 미덕은 무엇
		  인가?
		  (예상 답 : 이해, 존중, 용기…)
		◎ 개별 하브루타
		-나눔을 한마디로 정의한다면?(나눔이란 ~
		  것)
		  (예상 답 : 나눔이란 마음을 빌려 주는 것)
			-이야기에서 말
			 하는 미덕은?
			-함께 살아가기
			 위한 나눔의 의
			 미 는 무엇 인
			 가?(핵심 질문)

수업 후 성찰 – 자기만의 생각을 자유롭게 표현하는 시간

하브루타… 질문과 대화의 학생 중심 수업 방법으로 질문이 살아나는 학습대화….

2016년 나의 교직생활 한 해를 돌아보며 가장 크게 자리 잡고 있는 핵심 단어를 정리해 보면 '하브루타'라고 할 수 있다. 내가 만난 학생들이 교과서에 갇히기보다는 더 넓은 세상 속으로 나아가기를 바랐던 나는 1999년에 NIE를 시작하였고, 총체적 언어 학습에 이어 2003년부터 그림책 공부를 해 왔다.

그간의 공부를 중심으로 주제가 있는 독서 교육이라는 큰 틀 안에서 듣기, 말하기, 쓰기의 총체적인 언어 학습을 기반으로 그림책을 선정해 다양한 생각을 깊게 나누어 볼 수 있는 기회를 제공하였다. 그럼으로써 틀에 갇힌 생각이 아닌 나만이 느끼고 생각하는 것들을 자유롭게 표현하는 시간들을 통해 서로 배우고 성장해 가는 시간들을 가지려고 노력해 왔다. 나름 학생들의 만족도도 높았고, 나 자신의 만족감도 어느 정도는 있었다.

그러나 시간이 지남에 따라 뭔가 채워지지 않는 허전함을 느꼈다. 그 까닭이 무엇일지 나름 고민했지만 그것의 실체를 알지 못하던 차에 하브루타를 알게 되었고, 채워지지 않던 그 무엇인가가 학생들 스스로에게 질문할 기회를 주고, 질문에 대한 답 또한 스스로 찾아가도록 해야 하는 것임을 비로소 알게 되었다.

말로는 자유로운 발상을 통해 자유롭게 말하고 표현하기를 표방했지만 정작 그림책을 읽고 교사 스스로 찾은 주제를 제시해 그 안에서만 생각하기를 강요했던 것은 아니었는가 반성하게 되었다. 결국 학생들은 스스로 질문하고, 스스로 생각하고, 스스로 배울 수 있는 기회를 빼앗긴 것이나 마찬가지였던 것이다.

학생들에게 질문할 수 있는 권리를 돌려주자! 말은 쉬웠지만 어떻게 해야 하는 것인지 혼란스러웠다. 동아리에서 하브루타를 공부하신 수석 선생님과의 수업 시연을 통해 공부하고, 관련 책을 읽고 온라인 강의를 들었다. 학교에서는 동학년 선생님들과 함께 좋은 질문에 대한 공부를 시작했다. 또한 토의·토론 교육이 도움이 될 듯하여 토론연구회 연수에 참여해 청강을 하기도 했다.

그동안 질문을 할 필요도 없고 주어진 질문에 정답만을 강요당한 교육을 받아 왔고 그렇게 길들여져 왔기에 무엇보다도 좋은 질문 부문이 어려웠다. 오랜 방황과 혼돈 속에서 '옛날에 가난뱅이였던 벼락부자가 있었다.'라는 예시 문장을 중심으로 사실, 생각(방법 및 이유), 상상(만약에 ~라면), 감정(느낌) 질문 만들기 공부를 시작했다. 그리고 수업 시간에 조금씩 짝 대화 시간을 늘려 가면서 하브루타 수업에 대한 학생들의 반응을 살펴보았다.

이러한 활동을 통해 학생들과 교사 모두 지금까지의 어떤 학습 방법보다 의미 있는 활동이었다고 느꼈다. 하브루타 질문 놀이 수업은 학생과 교사 모두에게 질문을 통해 배움과 성장을 경험하게 해 준다.

정직을 미덕으로 한 질문 주사위놀이 수업

수업 연구 : 마음별두드림연구회 이진숙

활용 동화	나는 사실대로 말했을 뿐이야! (패트리샤 맥키삭 글, 지젤 포터 그림)	
주요 덕목	정직	
관련 덕목	존중, 질서, 예의, 협동, 자주, 책임, 끈기, 도전, 성실, 공정	
학습 목표	정직하게 사실을 말하는 방법을 알고 실천할 수 있다.	
수업 의도 및 TIP	배움 중심 활동	**공감하기** 정직한 생활을 실천하려는 마음은 가르치는 것이 아니라 동화책의 내용을 각자의 경험으로 연결하여 생각을 소통, 공감하게 하여 실천하려는 의지를 갖게 한다. **소통하기** 핵심, 주제 질문 중심의 짝(모둠) 하브루타를 통해 생각과 느낌을 나누게 한다. **협력하기** 생각을 표현하고 나누는 과정에서 친구와 상호 협력할 수 있게 한다.
	하브루타 질문 놀이 방법	질문 꼬리잡기, 질문 빙고 놀이, 질문 릴레이
	적용 학년	저·중학년
	소요 시간	80분 구성(총 2차시)

하브루타 과정		수업 내용	핵심 질문 / 주제 질문
도입 하브 루타 (10′)	준비	◎ 질문 노래 부르기(퐁당 퐁당, 그대로 멈춰 라) ◎ 제목과 표지보고 질문 나누기 ◎ 동화책 내용 듣기 ◎ 배움 문제 : 정직하게 사실을 말하는 방법을 알고 실천해 보자 . -정직하게 사실을 말하는 방법은 어떤 것인가? (핵심 질문) -정직을 실천하기 위해 노력할 점은? (핵심 질문)	-이야기는 어떤 내용일까?' -사실대로 말하 는 것은 잘못이 라는 걸까?
내용 하브 루타 (20′)	내용 이해	◎ 이야기 내용 알기(서클 맵으로 키워드 쓰기) -리비, 거짓말, 루시, 구멍 난 양말, 윌리, 숙제, 친구들, 잘못, 따돌림, 터셀베리 아주머니, 정 원, 버지니아, 늙은 대장, 사과, 배려, 진실 ◎ 질문 만들기 -리비의 행동을 생각하며 질문을 한 가지 만들 어 쓰기 (포스트잇) -모둠원은 같은 질문이 있는지 확인하기 ◎ 질문 주사위 놀이(모둠) -모둠원(4~6명)이 주사위 상자 한 면에 자신 의 질문을 쓰기 -주사위를 던져 질문 정하기 (tip : 꽝이 나오면 다시 기회를 줌) ◎ 짝 하브루타 -짝과 함께 주사위놀이로 정해진 질문으로 대 화하기 -질문 꼬리잡기로 생각을 깊게 하기 (tip: 학생1이 질문하기→학생2가 대답하기→ 학생1이 재질문하기→학생2가 다시 대답하기. 재질문과 대답을 3회 실시)	-리비는 왜 사실 대로만 말하기 로 했을까? -루시는 왜 리비 의 말에 화가 났 을까? -리비가 선생님 께 고자질한 행 동에 대해 윌리 는 어떤 기분일 까? -친구들은 왜 리 비를 따돌렸을 까?

심화 하브 루타 (20′)	상상	◎ 질문 역할 놀이 하기(짝 하브루타) -등장인물들의 질문과 대답을 통해 문제 원인 찾기 -리비와 루시의 대화 내용에서 원인과 고쳐야 할 점 생각하기 -리비와 윌리의 대화, 리비와 아주머니, 리비와 버지니아의 대화 내용에서 문제의 원인과 고쳐야 할 점 생각하기 (짝 하부르타로 역할 놀이를 하면서 리비의 행동의 잘못된 점과 고쳐야 할 점을 알게 함)	-리비 : 나는 사실대로 말했는데 왜 화가 났니? -루시 : 여러 친구들 앞에서 말하면 창피하잖아. -리비 : 그럼 어떻게 말하면 좋았을까? -루시 : 나에게만 살짝 말해 주면 좋았을텐데…
적용 하브 루타 (15′)	적용	◎ 자신의 경험 나누기(찾아가는 짝 하브루타) -리비와 같이 다른 사람을 생각하지 않고 말한 경험 나누기 -루시, 윌리와 같이 창피했던 경험 나누기 (질문 꼬리잡기로 경험을 풍부하게 나눌 수 있게 함)	-리비와 같이 다른 사람을 생각하지 않고 말한 경험이 있니? -다른 사람 기분이 상하지 않으면서 사실대로 말하는 방법은?
메타 하브 루타 (15′)	종합	◎ 쉬우르 -리비의 행동을 통해 사실대로 말하는 방법을 알고 생활에서 실천하기(실천 의지 갖기) -배움 문제와 관련해 알게 된 점, 실천할 내용을 배움 공책에 정리하기	-정직하게 사실을 말하는 방법은 어떤 것인가? (핵심 질문) -정직을 실천하기 위해 노력할 점은? (핵심 질문)

207

하브루타 질문 놀이 활동을 위한 TIP

질문 주사위 놀이 방법

-텍스트와 관련된 질문을 각자 1개씩 포스트잇에 쓴다.

-4명(6명)의 모둠원이 모여서 질문을 비교하며 같은 질문이 있는지 확인한다.

-같은 질문은 모아서 1개의 질문으로 만든다.

-주사위 상자의 6면에 질문을 기록한다. 구성원이 4명일 경우 질문이 부족하면 남은 면은 '꽝'을 만든다.

-던져서 나온 질문으로 짝(모둠) 하브루타를 한다. 이때 질문 꼬리잡기로 생각을 깊게 한다.

-이미 나온 질문은 패스하고 다시 던져 나온 질문으로 대화를 한다.

질문주사위놀이 모습

수업 후 성찰 – 올바른 인성을 형성되게 하는 수업

늘 생각하는 것이지만 바른 인성은 가르쳐서 길러지는 것이 아니다.

또한 하루아침에 형성되는 것도 아니다. 어릴 때부터 꾸준히 다양한 경험과 실천을 통해 깨닫고 얻어진 도덕적 감각들이 한 사람의 인성을 형성하기 때문이다.

동화책과 하브루타의 만남은 인성 수업을 하기에 안성맞춤이라는 생각이 수업을 하면서 더욱 확실하게 들었다. 동화책을 읽은 뒤 친구와의 질문과 대화를 통해 의문을 갖고 갈등 상황들을 지혜롭게 해결하는 과정, 그 경험 속에서 학생들은 교사인 내가 의도하는 방향 이상으로 잘 나아가고 있었다.

'리비'라는 책 속의 주인공은 책 속의 등장인물만이 아닌 학생들 자신의 모습이었고 친구들의 모습이었으며, '리비'의 생각과 행동 또한 자신들의 생각과 행동이 되었다. 정직한 행동에는 배려가 따라야 함을 교사인 내가 알려 주지 않아도 알게 되었고, 일상생활 속에서 실천하려는 굳은 의지를 갖게 되었다.

하브루타 질문 놀이 수업을 연구하고 나누면서 학생의 배움 속에 자연스럽게 올바른 인성이 형성되기를, 소통하고 공감하는 과정 속에서 앎이 즉 삶임을 말하고 싶었는데 학생들의 모습에서 그 뜻이 이루어지고 있음을 알게 된 수업이었다.

CHAPTER 05

하브루타 수업 공동체
운영 사례

01
하브루타 인성 교육 동아리
활동 사례

하브루타 인성 교육 동아리 운영 개요

분야	창의적 체험 활동		
주제	동화를 통한 미덕의 하브루타 교육 프로젝트		
동아리명	마음별두드림 인성 교육연구회	소속 교육청	경기도교육청
운영기간	2016. 3. ~ 2016. 11.	동아리 회원 수	9명
인성 교육 동아리 운영의 취지	하브루타 질문 놀이와 동화책을 통해 연구한 결과를 일반화하여 단위 학교에서 인성 교육을 실천하는 데 일조하기 위함이며 아울러 함께 연구하는 교직 풍토 조성 및 교사의 전문성 향상에 운영 취지가 있음		

	동화를 통한 미덕의 하브루타 교육 프로젝트			
	미덕의 추출	동화의 선정	하브루타 수업	인성 교육 프로그램 공유
	52가지 미덕 중 10여 가지 추출	미덕에 맞는 동화의 선정	역동적인 질문의 협력 학습 방법 모색	자료 개발 및 실천 공유를 통한 인성 교육 자료 보급

하브루타 인성 교육 목표	[목표] '마음밭'이라는 인성의 요소인 '미덕(virtues)' 교육을 위해 미덕에 알맞은 동화를 선정하고 이 동화에 대한 적극적인 미덕 탐색 및 내면화를 위해 질문하는 교육, '하브루타' 교육 방법을 연구, 적용, 공유한다. [세부 목표] -선함의 요소인 덕목(virtues)을 추출하여 인성 교육진흥법의 10대 실천 덕목(존중, 질서, 예의, 협동, 자주, 책임, 끈기, 도전, 성실, 공정)과 융합 -미덕에 알맞은 효과적이고 적절한 동화 선정 -동화를 통한 미덕의 내면화 방법인 하브루타 교육 방법 연구, 자료 개발, 공유를 통한 일반화

	내용	성과
하브루타 인성 교육 주요 사업 내용 및 성과	미덕과 교육부 인성 교육 덕목의 연결	-미덕과 인성 교육 10대 실천 덕목 사이의 연결 가능성 탐색으로 프로젝트의 사전 작업 완료 -미덕과 인성 교육 10대 실천 덕목의 연결
	미덕에 알맞은 동화의 선정	-동화의 힘, 덕목을 대표하는 양서 선정을 위한 사전 연구 -덕목을 대표하는 동화 수집, 타당성 검토 -9개 덕목에 맞는 동화 선정(약 40작품)
	동화를 통한 미덕의 하브루타 교육 방법 연구	-하브루타 교육에 대한 이해 및 연수 -하브루타 교육을 통한 미덕 동화 수업안 18개 구안, 적용 -동화를 통한 미덕의 하브루타 수업 동영상 9개 제작

성과 지표	달성도
프로그램 구안 및 적용을 통한 인성 교육 프로그램 개발, 적용, 자료 제작, 일반화	-총 9개 덕목의 약 40작품(각 5~6작품) 선정 -18개 교수·학습 과정안 구안 및 수업 실시 -수업 주요 장면 및 수업 동영상 9개 완성 -실천 자료집 제작 및 일반화
연구회원들의 소통 및 동반 성장	-동아리 교사들의 새로운 수업에 대한 탐구, 구현, 적용을 통해 자기 효능감 증진 및 지성 협업을 통한 연구하는 교직 풍토를 조성
하브루타 인성 교육 학습자의 성장	-교육받은 학생들을 대상으로 한 설문조사 결과 교육 활동에 대한 만족도에서 긍정 반응이 96.7%, 흥미도 95.3%로 대부분의 학생이 위 프로젝트 활동에 대해서 만족해함. 학생들은 프로그램의 효과를 개인의 지적, 정서적, 인성적 성장 면에서 스스로 인지하고 있음. -동화를 통한 미덕의 하브루타 수업을 통한 능동적인 인성 교육, 미덕의 내면화 형성

(왼쪽 병합 셀: 하브루타 인성 교육 성과 분석)

문제점	해결 방안
-구성원의 근무처가 다양하여 시간상, 운영상의 문제점 발생 -개발한 자료의 일반화에 대한 문제점 발생 -연구회의 지속적인 활동 및 자료 공유 문제	-카페를 통한 온라인 운영으로 동아리 회원 간 수시로 정보 공유 -연구, 개발한 자료집, 수업 동영상 제작에서 학생들의 개인 초상권 보호를 위해 노력함 -교육부 인성 교육 사이트를 통한 공유 및 향후 지속적인 활동 유지

(왼쪽 병합 셀: 문제점 및 해결 방안)

(자료 제공 : 하브루타 인성교육연구회)

하브루타 인성 교육 동아리 회원들의 연구 결과

미덕과 관련된 동화책 소개

배려, 존중	활용 동화	싸워도 돼요?(고대영 글, 김영진 그림)
	적용 학년	저·중·고학년
	동화 내용	친구가 괴롭히고 먼저 때리려고 해요. 싸워도 될까요? 친구 사이에 다투면서 한층 성장하는 아이들의 모습을 담았다. 어느 학교에서나 흔히 볼 수 있듯이, 병관이네 반에도 친구를 놀리고 괴롭히는 아이가 있다. 친구를 위해 맞서 싸워야 될지 고민하는 병관이 모습을 통해 친구를 배려하고 존중하는 모습에 대해 생각해볼 수 있는 책이다.
배려, 존중	활용 동화	알몸으로 학교 간 날 (타이 마르크르탄 글, 벵자맹 쇼 그림, 이주희 옮김)
	적용 학년	저·중·고학년
	동화 내용	아빠와 살고 있는 피에르는 늦잠으로 서두르다 빨간 장화만 신고 알몸으로 학교에 간다. 놀림의 대상이 되지 않고, 아이들과 선생님이 섬세하게 배려해 주는 모습이 아주 자연스럽다. '다른 그대로를 그대로 받아들이는 성숙한 배려란 무엇인가?'를 생각해 볼 수 있는 책이다.
나눔	활용 동화	친구를 모두 잃어버리는 방법 (낸시 칼슨 글·그림, 신형건 옮김)
	적용 학년	저·중·고학년
	동화 내용	한 자녀 가정이 늘면서 남들과 나누거나 배려하는 방법을 모르고 자라는 아이들이 많은 요즘, 이 그림책은 아이에게 자신의 행동을 스스로 되돌아보도록 하며, 자연스럽고 유머러스하게 공동체 내에서 서로 어울리고 나누는 방법을 가르쳐 준다. 특히 화려한 색감의 익살스런 그림이 반어적인 짧은 문장과 잘 어울린다. 친구와 가장 나누고 싶은 것은 무엇인가에 대해 이야기를 나누어 보아도 좋겠다.

나눔	활용 동화	개구리네 한솥밥(백석 글, 유애로 그림)
	적용 학년	저·중·고학년
	동화 내용	한국적 서정성이 가득한 백석의 동화시 가운데서도 가장 아름답고 우리 민족의 공동체적 삶이 잘 드러난 작품이다. 어린이들에게 알맞은 간결하고 리듬감 있는 문장의 반복, 독특한 의성어와 의태어 등 다양하고 감각적인 우리말을 풍부하게 구사하여 작은 동물과 곤충 들이 서로 돕고 사는 세상을 그리고 있다.
감사	활용 동화	고맙습니다(박정선 글, 백보현 그림)
	적용 학년	저학년
	동화 내용	사과에 대한 감사가 릴레이로 이어져 농부와 햇빛과 바람인 자연에게 감사의 인사를 하게 된다. 무심코 지나칠 수 있는 모든 것에 수많은 사람의 노고가 들어 있음과 자연의 고마움을 깨닫게 해 주는 책이다. 저학년 학생들에게 왜, 무엇이 고마운지 생각의 꼬리를 잇고 질문을 만들기에 적합한 책이다.
감사	활용 동화	지구가 100명의 마을이라면(데이비드 J. 스미스 글, 셸라 암스트롱 그림, 노경실 옮김)
	적용 학년	저·중·고학년
	동화 내용	나와 다른 환경에 살고 있는 사람들의 모습을 보며 눈을 크게 열고 편견 없이 세상을 바라볼 수 있는 마음을 키우기에 알맞은 책이다. 뿐만 아니라 현재 나의 위치, 환경, 처지 등을 상대적으로 확인하고 주어진 나의 환경에 감사하는 마음을 갖도록 지도할 수 있는 책이다.

용기, 도전 틀려도 괜찮아	활용 동화	틀려도 괜찮아(마키타 신지 글, 하세가와 토모코 그림, 유문조 옮김)
	적용 학년	저·중학년
	동화 내용	교실은 틀려도 괜찮은 곳, 틀리면서 정답을 찾아가는 곳이라는 것을 깨닫게 함으로써 즐거운 마음으로 학교생활을 할 수 있도록 도와주는 책이다. 혹시 틀릴까 봐 또는 실패할까 봐 두려워서 시도조차 해 보지 못한 일들을 짝과 함께 질문 꼬리잡기를 해 보고, 틀려도 좋으니 도전해 보고 싶은 일들에 대해 이야기를 나눠 보면 좋다.
용기, 도전 뛰어라 메뚜기	활용 동화	뛰어라 메뚜기(다시마 세이조 글·그림, 정근 옮김)
	적용 학년	중·고학년
	동화 내용	수풀 속에 숨어 살던 메뚜기가 더 이상 겁먹고 사는 것이 싫어져서 어느 날 단단히 마음을 먹고 커다란 바위 꼭대기로 나왔다. 그리고 처음으로 날갯짓을 하여 멀리멀리 날아갔다. 이야기를 읽고 질문을 만든 후 모둠에서 가장 좋은 질문을 골라 함께 이야기를 나눌 때 권하고 싶은 책이다.
정직, 공정 빨간 매미	활용 동화	빨간 매미(후쿠다 이와오 글, 한영 옮김)
	적용 학년	저·중학년
	동화 내용	문구점에 갔다가 빨간 지우개를 훔친 이치는 그날 이후 죄책감에 사로잡힌다. 꿈속에서 문구점 주인아줌마와 빨간 매미로 변한 지우개가 자꾸 괴롭게 한다. 이치는 결국 엄마한테 사실대로 말씀드려 문구점 주인아줌마께 잘못을 용서받고 편안한 마음이 된다. 학생들과 질문을 통해 정직하지 못했을 때의 갈등과 불안한 마음을 함께 나누면서 정직의 중요성을 생각해 볼 수 있다.

정직, 공정	활용 동화	정의란 무엇인가 (안미란 글, 정진희 그림, 조광제 도움말)
	적용 학년	중·고학년
	동화 내용	책에 나오는 5명의 친구들이 겪게 되는 사건과 이들이 어떤 행동을 결정하기 위해 끊임없이 갈등하는 모습을 통해 옳은 일을 옳다고 말하는 용기, 참된 선, 지혜로운 선택에 대해서 질문을 해 보자. 아울러 질문에 대한 학생들 자신의 생각을 나누는 과정에서 정의란 무엇인지에 대한 해답을 각자 찾을 수 있을 것이다.
책임	활용 동화	이슬이의 첫 심부름 (쓰쓰이 요리코 글, 하야시 아키코 그림)
	적용 학년	저·중학년
	동화 내용	처음으로 혼자 심부름을 하는 어린이의 심리를 잘 표현한 그림책이다. 이야기 구성과 그림의 구도, 장면 전환, 어린이의 표정들은 어린이가 느끼는 두려움과 문제를 해결하고 난 뒤의 기쁨을 잘 표현했다. 자신감, 책임감, 두려움, 무서움, 안도감, 성취감 등 이슬이가 느꼈을 감정들에 대해 함께 질문하고 이야기해 보는 것도 좋을 듯하다.
책임	활용 동화	용감한 아이린 (윌리엄 스타이그 글·그림, 김서정 옮김)
	적용 학년	중·고학년
	동화 내용	삶에서 '용기'와 '책임', '노력'이란 덕목이 지니는 중요성을 가볍지만 경망스럽지 않게, 진지하지만 지루하지 않게 전하고 있다. 아이들과 책을 읽고 질문을 만든 후 가장 좋은 질문으로 전체 토론을 하면 좋을 것이다.

협동 	활용 동화	꼴찌 없는 운동회(고정욱 글, 우연이 그림)
	적용 학년	저·중·고학년
	동화 내용	1등만이 최고의 가치처럼 여겨지는 세상이다. 1등을 위해 친구를 제치고 나만 최고가 되도록 가르치고 있는 사회 속에서 순수한 아이들의 배려, 우정을 통해서 함께하는 즐거움을 깨닫도록 하는 실화이다. 아이들과 '왜 아이들은 함께 달렸을까?', '1등이란 무엇인가?', '위너와 루저가 없는 운동회를 기획해 본다면?'이라는 질문을 이끌어 내고 이를 주제로 아이들과 협동의 가치를 함께 이야기해 볼 수 있다.
협동 	활용 동화	다 함께 마니또(박현숙 글, 김주경 그림)
	적용 학년	중·고학년
	동화 내용	마니또 놀이를 하면서 벌어지는 이야기를 통해 자연스럽게 '협동'의 의미를 알려준다. 아이들의 삶에서는 협동이 어떤 모습으로 드러날까? 협동을 위해서는 배려의 덕목이 함께 필요함을 알려 주며, 서로 돕고 위하면서 함께하는 것이 협동임을 전하는 책이다. 아이들과 책을 읽고 질문을 만든 후 가장 좋은 질문으로 전체 토론을 해도 좋다.
관용 	활용 동화	꽁지머리 소동(로버트 먼치 글, 마이클 마르첸코 그림, 박무영 옮김)
	적용 학년	저·중·고학년
	동화 내용	유행에 민감한 어린이들이 모두 같은 모양이어야 한다는 강박을 깨고 자기만의 스타일을 가질 것을 권하는 이야기이다. 남을 무조건 따라 하기보다는 자신의 생각이나 개성을 소중히 여기는 어린이로 자라기를 바라는 마음으로 질문과 하브루타 질문 놀이를 하면 좋을 듯하다.

관용	활용 동화	서로를 보다(윤여림 글, 이유정 그림)
	적용 학년	중·고학년
	동화 내용	"네가 아는 것이 다 아는 것이 아냐."라고 동화는 말한다. 우리 주변에는 이렇게 보는 눈에 따라 달라지는 것이 얼마나 많을까? 내가 보고 있는 것이 진정 다는 아닐 것이라는 깨달음을 주는 동화다. 내가 알고 있는 나의 모습이나 친구의 모습이 보이는 그것이 다는 아니다. 내면의 모습을 알아가려면 서로에게 던지는 질문이 있어야 할 것이다.
성실, 인내	활용 동화	책 씻는 날(이영서 글, 전미화 그림)
	적용 학년	중·고학년
	동화 내용	조선 중기 시인 김득신의 이야기를 각색한 책이다. 책 씻는 날은 공부를 마치고 동생에게 책을 물려주는 풍속에 대한 이야기이다. 너무 읽어서 도저히 동생에게 물려줄 수 없는 책이 된 몽담이의 책을 통해 포기하지 않고 끝까지 노력하는 인내의 소중함을 배울 수 있다. 질문을 통해 질문 주사위놀이를 하고 모둠 하브루타를 하면 좋을 듯하다.
성실, 인내	활용 동화	7년 동안의 잠(박완서 글, 김세현 그림)
	적용 학년	중·고학년
	동화 내용	가뭄이 든 개미 마을에 부지런한 어린 개미가 커다란 먹잇감을 찾는다. 지혜로운 늙은 개미는 그것이 오랜 세월 인내하며 자라온 매미라는 것을 알게 되고 동료들을 설득해 매미를 살려 날려 보낸다. 시멘트 도시 속에서도 7년 동안의 잠을 자며 인내한 매미의 삶과 자신의 이익을 희생하는 개미들의 사랑이 돋보이는 작품이다. 질문을 만들고 질문 꼬리잡기를 통해 생각을 더욱 깊게 해 볼 수 있다.

워크숍을 통한 자료 연구   하브루타 질문 놀이 연수

하브루타 질문 놀이 실습   하브루타 질문 놀이 실습

하브루타 인성 교육 동아리 활동 모습

하브루타 인성 교육 동아리 활동 후기

6학년 아이들과 함께하면서 인성적인 부분에 많은 신경을 쓰게 되었다. 바람직하지 못한 행동을 수정하기 위해 상담과 훈계를 했을 때, 일방통행처럼 부족함을 느꼈다. 그런데 동화책과 단편 글을 읽고 질문 만들기, 짝(모둠) 하브루타를 하면서 자신과 친구의 생각을 아울러 깊이 생각하는 모습을 보며,

교사의 백 마디 말보다 훨씬 설득력 있고 행동이 자연스럽게 변화하는 것을 느꼈다. 하브루타는 생각을 깨우고, 생각을 다듬어 마음을 키울 수 있는 참 좋은 활동이다. 하브루타와 함께 한 인성 교육 동아리 활동은 나와 아이들을 깨어나게 만든 소통의 시간이었다.

-교사 함○○

평소 책읽기의 중요성을 강조하며, 저학년은 동화에 담긴 교훈을 전하고 짚어 줘야 한다고 생각했다. 그러나 하브루타 방법을 익히고 나서 아이들이 질문을 통해 서로의 생각을 끌어내고 수업 말미에 동화에서 찾을 수 있는 미덕에 대답을 할 때마다 감탄을 하고 감동을 받는 수업이 이어졌다. 하브루타를 통해 아이들은 스스로 찾아내고 서로에게 이미 배우고 있었다. 서로의 이야기에 귀 기울이고, 이야기할 기회가 생기면 자신의 빛을 발휘해 내는 아이들을 보며 가르침에 대한 의욕과 열정으로 가득 차 있던 나를 내려놓으려 한다. 하브루타 인성 교육 동아리에 참여하며 새로운 것을 배우고 익히고, 깨어 있으려 노력했던 시간들에 감사하다.

-교사 이○○

이미 동화를 이용한 수업을 하고 있었는데 이번에 하부르타 방법을 적용해 보니 처음에는 많이 어색하고 힘들었다. 질문 만드는 방법을 아이들에게 지도하는 것도 어려웠지만, 교사 스스로 핵심 질문을 찾아내기 위한 사전 작업이 더 많은 시간을 요했으며, 진짜 그것이 핵심 질문인지에 대하여도 고민이 많았다. 질문 꼬리잡기를 어려워하는 아이들을 보면서 그 부분을 강조하는 것이 수업을 더 어렵게 하는 부분도 있어서 쉽게 넘어가려고 노력했다. 수업의 기술을 익히는 것도 중요하지만 아이들과 함께 공감하는 시간을 만들어내는 것도 중요하다고 생각했기 때문에 하브루타 방법이 미숙하여도 이를 부끄럽게 여기지 않기로 했다. 다른 과목에서도 이 방법을 적용해 보았는데 수업하는 재미가 있었다. 새로운 방법을 수업에 적용하기 위해서는 늘 긴장하는 수업이 되기 마련인데 하브루타 덕분에 긴장감과 설렘을 가지고 수업에 임해서 좋았다.

-교사 이○○

한 해 동안의 교육 활동을 돌아봤을 때 하브루타 질문 수업이 많은 도움이 되었다. 연수를 통해 새롭게 배워 수업에 적용한 결과 학생들이 적극적으로 수업에 참여하게 되었고, 학생들의 생각하는 힘, 좋은 질문을 만드는 방법, 친구들과 소통하는 능력 등이 향상되었다. 교육 과정 설문 조사 결과 동화를 듣고 질문을 만드는 시간이 가장 행복했다는 학생도 있었다. 교원평가 학부모, 학생 만족도 조사에서 높은 평가를 받게 된 점이 동화를 이용한 하브루타 수업의 긍정적인 효과라 생각한다. 교사인 나 자신도 하브루타와 함께한 시간은 매우 행복했다.

-교사 남○○

동화를 활용한 하브루타 수업으로 미덕의 보석들을 내면에서부터 끌어올려 자연스럽게 인성을 키울 방법을 적용하면서 점점 교사로서 행복해지기 시작했다. 인성교육연구회에 함께 할 수 있어서 정말 감사하다.

-교사 윤○○

02
하브루타 전문적
학습 공동체 운영 사례

하브루타 전문적 학습 공동체 운영 개요

2015년, 2016년 학교 안 전문적 학습 공동체의 주제를 '하브루타 질문 놀이'와 관련해서 운영한 사례를 다음과 같이 나누고자 한다.

주제	'하브루타 질문 놀이' 수업을 통해 소통과 공감 능력 향상		
운영기간	2015. 4. ~ 2015. 11.(30시간)	동아리 회원 수	18명
	2016. 9. ~ 2016. 11.(15시간)		34명
운영의 취지	-협력적 연구 활동과 공동 실천을 통한 교사의 수업 전문성과 자율성 강화 -동료들과 함께 배우고 동반 성장하는 학습 공동체로 교사의 보람과 자긍심 향상 -질문과 대화를 통해 소통하고 공감하는 바람직한 교직 문화 풍토 조성		
기대 효과	-함께 연구하고 배우는 협력적 연구 활동과 공동 실천을 통해 교사들의 전문적인 역량 및 협업 능력 향상 -동료들과 함께 배우고 동반 성장하는 학습 공동체로 교사의 보람과 자긍심 향상 -'하부르타 질문 놀이' 수업을 통해 학생의 바른 가치관을 형성하고 자아존중감을 높여 창의적인 미래 인재 육성에 기여 -교실 수업 개선을 통해 학생, 교사, 학부모의 행복감 상승으로 공교육에 대한 신뢰 회복 -질문과 대화로 소통하고 공감하는 수업 문화 형성 및 바람직한 교직 문화 풍토 조성		

번호	연수 과정	운영 내용
1	주제 연수	하브루타 질문 놀이의 이해
2	공동 연구	하브루타 질문 놀이 수업 적용 및 일반화 연구
3	공동 실천	하브루타 질문 놀이 수업 실습 및 적용 사례 나눔
4	공동 실천	하브루타 질문 놀이 수업 시연(참관) 및 수업 대화
5	공동 연구	하브루타 질문 놀이 적용 공동 수업안 개발
6	공동 실천	하브루타 인성 교육 수업 실습 및 적용 사례 나눔
7	공동 실천	하브루타 인성 교육 수업 시연(참관) 및 수업 대화
8	공동 연구	하브루타 질문 놀이 수업의 학생 평가 (논술 형 평가) 제작 실습
9	공동 실천	하브루타 질문 놀이 수업의 학생 평가 (논술 형 평가) 사례 나눔
10	공동 실천	예술 작품 관련 하브루타 감상 수업 공개 (수업 참관) 및 수업 성찰
11	공동 연구	하브루타 질문 놀이 수업을 통한 독서 토론
12	공동 실천	독서 토론 하브루타 수업 공개(수업 참관) 및 수업 대화
13	공동 실천	하브루타 질문 놀이 수업에 대한 수업 비평 및 수업 성찰
14	연구 결과 공유	하브루타 질문 놀이 수업 적용 사례 발표 및 수업 과정안 제작
15	연구 결과 공유	하브루타 질문 놀이 연구 및 개발 자료집 발간, 일반화

짝 하브루타 실습 장면

찾아가는 짝 하브루타

모둠 하브루타 실습 장면

질문 만들기 하브루타

다양한 질문 놀이 익히기

질문 놀이 수업 사례 나눔

하브루타 전문적 학습 공동체 활동 모습

하브루타 전문적 학습 공동체 활동 후기

'하브루타' 이름만으로도 생소한 그것. 그것이 무엇인지 알고자, 배워서 남주고자 시작한 첫 시간, '공부수다를 허용하라.'라는 제안이 나에게 강력한 도전으로 다가왔다. 학생의 입장에서는 공부수다가 즐겁다. 하지만 교사의 입장에서는 수다쟁이 학생이 마냥 달갑지만은 않다. 30명 내외의 학생이 한 마디씩만 해도 수업 진행이 어려울 정도이다. 하지만 하브루타 수업 공동체 연수에서 배운 바를 수업 시간에 효과적으로 적용하여 수업의 주인공인 학생들이 수업 시간에 뭔가를 즐기고 얻을 수 있도록 노력하고 있다. 공동체 연수를 하면서 하브루타에 대한 전반적인 이론적 지식을 쌓을 수 있었다. 더불어 학생의 입장에서 직접 수업 체험을 해 볼 수 있어 좋았고, 여러 선생님과 함께 수업에 대해 깊이 고민해 보고, 서로의 생각을 나눌 수 있어 좋았다. 앞으로는 공부수다를 즐기는 교사가 될 것이다.

-교사 백○○

아이들이 질문하고 답하는 과정에서 아이들의 살아 있는 눈빛, 무언가 고민하는 표정들을 보며 아이들이 주인공이 되는 진정한 수업임을 깨달았다. 하브루타 수업을 국어, 사회, 과학 수업에 적용하면서 교과 호감도가 완전히 달라졌고, 아이들은 다음과 같이 질문에 대한 자신감을 보였다.

"선생님, 이제는 질문이 습관이 되었어요."

"저도 모르게 자꾸 질문하고 대답하고 싶어 손이 올라가요."

-교사 유○○

실습 위주로 하브루타 질문 놀이를 직접 해 보고 적용해 보면서 동료 교사들과 많은 이야기를 해 볼 수 있어서 좋았다. 이후에도 동료들과 하브루타 수업을 나누고 연구하며 연구회나 동아리로 연결하여 활동하고 싶다.

-교사 정○○

하브루타 질문 놀이 연수를 통해서 학생들과 즐겁게 공부할 수 있는 방법을 배우게 되었고 질문의 중요성을 다시 한 번 확인하게 되었다. 학생들의 말하고 싶은 욕구를 잘 충족시켜 주고 학생들이 만족하는 배움 수업으로 적용할 수 있도록 꾸준히 연구하고 노력해야겠다.

-교사 김○○

낯선 하브루타와의 만남 15시간이 금방 지나갔다. 연수를 하러 올 때는 급한 업무, 교실 뒷정리 등으로 부담을 안고 오는데 일단 참여하게 되면 푹 빠지게 되는 나를 발견한다. 수석선생님의 열정과 역량을 보고 배우며 6학년 아이들에게 조금씩 적용하고 수업을 바꾸어 가고 있다.

-교사 박○○

하브루타 공동체에 참여하게 된 것은 교실 안에서 아이들과 좀 더 많은 질문으로 수업하기 위한 방법을 배우기 위해서였다. 그런데 막상 연수에 참여하면서 교사인 나 자신이 먼저 배우고 성장하고 있음을 알게 되었다. 나의 생각과 주장을 동료 교사들과 나누고 공유하는 활동을 통해 나의 생각이 새롭게 정리되는 경험은 연수에 빠져들 수밖에 없었다.

-교사 김○○

03
하브루타 수업 공개와
수업 대화(협의회) 사례

하브루타 수업 공개

수석교사가 된 이후 해마다 수업을 공개하고 평소의 수업 고민을 참관 교사와 나누며 그 해결 방안을 함께 협의하는 시간을 갖는다. 교사 50여 명을 대상으로 '시(詩)와 하브루타의 컬래버레이션'이라는 주제로 4학년 시(詩) 수업을 공개하고 평소 교사들이 궁금해하던 내용을 하브루타 방법으로 질문하고 함께 대화로 찾아가는 의미 있는 시간을 가졌다.

수업장학의 방법이 각 학교마다 변화해 가고 있지만 교사들은 여전히 수업 공개와 형식적인 협의회에 부담을 느낀다. 병은 알려야 고칠 수 있듯이 평소의 수업 모습을 있는 그대로 접하면서 혹시라도 수업 속에서 힘들게 고민하는 부분이 있다면 함께 나누면서 다듬어 나가야 한다. 그래서 나도 다듬어지지 않아 조금은 거칠게 느껴질 수 있는 수업을 부끄럼 없이 공개했다.

〈이상 없음〉

김영기

"벌레 먹어

숭숭 뚫렸어요.

내다 버려요."

텃밭에서 캐어 온

배추를 보며

먹을 게 없다고 내가 말했죠.

"벌레가

먼저 먹어 보고

'이상 없음'을

알려 주는 것이란다."

농약을

치지 않아

무공해 식품이라며

아빠와 나는 쌈을 하지요.

'아삭아삭'

수업 전개 과정

수업 과정	학습 내용 및 활동	핵심 질문 / 주제 질문
미션 질문	시를 읽고 자신의 생각이나 느낌을 나누고 알 수 있는 점은?	
내용 하브 루타	미션1. 시의 내용 알기 -시 '이상 없음' 읽기 -질문 한 가지 정해 질문, 대답 주고받기 -질문 꼬리잡기로 생각 깊게 하기	-아빠는 왜 벌레가 먼저 이상 없음을 알려 준다고 했을까?
내용 하브 루타	미션2. 경험, 생각 말하기(스토리텔링) -주인공의 경험, 생각과 비슷한 경험, 생각 말하기 아이들 대화 사례 학생1 : 할머니 텃밭에서 벌레를 보고 놀란 일 학생2 : 무공해 상추를 먹었던 일 학생3 : 주말농장에서 직접 가꾼 채소를 먹었던 일 학생4 : 가족과 저녁으로 쌈을 먹으며 고마웠던 일	-주인공과 비슷한 경험은 무엇인가요?
심화 하브 루타	미션3. 느낌 나누기 -시의 느낌을 (노란) 색깔로 나타낸 이유 말하기 아이들 대화 사례 초록색 -'이상 없음'이라는 단어가 군인이 쓰는 말 같아 군인아저씨들이 입는 옷이 생각나서 초록색 - 무공해 야채의 싱싱함이 느껴져서 노란색 - 아빠와 아들이 정답게 웃는 모습이 떠올라서 파랑색 - 문제가 속 시원히 해결된 듯한 느낌이라서 검은색 - 애벌레가 무서워서 빨간색 - 지난여름 상추를 먹다가 애벌레를 본 기억이 떠올라서. 아직도 벌레는 싫음	-시의 느낌을 색깔로 나타내면?

	-시에서 느낀 감정을 (따뜻하다)와 같은 말로 나타 낸 이유 말하기(질문 꼬리잡기로 생각을 깊게 하 기) 아이들 대화 사례(질문 꼬리잡기) 질문 : 시에서 어떤 감정을 느꼈니 ? 대답 : 시원함이야. 질문 : 왜 시원하다고 느꼈어? 대답 : 처음에 애벌레가 나와서 답답하고 무서웠는데 몸에 좋다는 걸 알게 되어서. 질문 : 몸에 좋다는 걸 알게 된 것과 시원함과는 어떤 관계니? 대답 : 무섭고 답답한 마음이 시원하게 해결된 것 같 아서 이제는 무섭지도 답답하지도 않아.	-시에서 느낀 감 정을 간단히 말하면?
메타 하브 루타	미션4. 알게 된 점 나누기 -시에 대한 생각과 느낌을 나누고 알게 된 점 말하기 아이들 대화 사례 학생1 : 친구들과 느낌과 생각을 나누어 보니 참 다 양해요. 학생2 : 생각과 느낌이 모두 다름을 알게 되었어요. 학생3 : 시를 더 잘 이해하게 되었어요. 학생4 : 시 수업이 재미있어졌어요. 학생5 : 짧은 시에서도 이렇게 많은 질문이 나올 수 있어서 놀랐어요. 학생6 : 친구들 덕분에 궁금증이 모두 해결되었어요.	-시를 읽고 자 신의 생각이나 느낌을 나누 고 알 수 있는 점은?(핵심 질 문)

하브루타 동시 여행 시작하기

하브루타 질문 놀이 모습(질문 꼬리잡기)

시의 느낌을 색으로 표현하기

수업을 참관하는 교사들

하브루타 질문 놀이 수업 모습

하브루타 수업 대화(협의회) 사례

하브루타 수업 대화는 다음과 같은 순서에 의해 진행하였다.

수업자의
수업 의도와
수업 성찰
나누기 → 수업 관련
질문과 대답
나누기 → 평소 자신의
수업 고민을
질문하기 → 대화로
해결방안
모색하기

하브루타 수업 대화 Q&A

참관자 Q. 학생들끼리 수업 내용과 관련 없는 엉뚱한 질문과 이야기를 하지 않을까?

수업자 A. 짝과 함께 1:1 또는 모둠원들과 1:3의 대화를 하다 보면 수업 내용과 관련 없는 엉뚱한(?) 이야기를 하면서 웃기도 하고 어리둥절해하기도 한다. 그러나 그 시간은 아주 잠시뿐 대부분의 학생은 다시 원위치로 돌아와 내용과 주제에 알맞은 이야기로 대화를 나누며 수업의 맥락을 이어간다.

'창의력은 허용하는 것이다.'라는 말이 있듯이 수업에서 아이들이 엉뚱한 질문으로 이야기 나누는 것을 너무 제한하지 않았으면 좋겠다. 발명왕 에디슨은 엉뚱한(?) 질문으로 바보 취급을 받았다. 그러나 그 바보 같은 질문이 세상 사람들을 바보로 만들었다. 진짜 바보는 바보 같은 질문을 하는 사람이 아니라 질문을 하지 않는 사람, 질문을 포기하는 사람들이다.

참관자 Q. 말하는 수업이 친구끼리 방해되지 않을까?

수업자 A. 소음에는 뇌의 알파파를 증가시켜 주고 베타파를 감소시켜 스트레스를 줄이고 심리적인 안정감을 주는 백색소음이 있다고 한다. 아이들의 소리는 다양한 주파수가 섞여 말하고 싶은 분위기를 만들며 집중력을 높여 주고 암기력을 35% 상승시킨다는 백색소음에 해당된다. 따라서 평소 말하기를 꺼려했던 학생이나 발표를 싫어하고 두려워하는 학생에게도 부담 없이 자연스럽게 말할 수 있는 분위기를 만들어 오히려 도움이 된다.

참관자 Q. 짝을 정할 때는 아동의 수준을 고려해야 하는가?

수업자 A. 수준을 고려하기보다는 가급적 자주 짝을 바꾸어 주는 것이 좋다. 그래야 다양한 친구들을 접하면서 자신보다 말을 잘하거나 못하거나, 성격이 급하거나 느리거나, 적극적이거나 소극적이거나, 아는 것이 많거나 적거나 등을 파악할 수 있게 되고, 나아가 친구를 이해하고 배려하며 사회성을 기를 수 있기 때문이다.

참관자 Q. 하브루타 수업의 효과를 구체적으로 말한다면?

수업자 A. 하브루타 수업은 우리의 현실에 맞게 그 의미와 모형, 방법이 검증을 거친 것이기 때문에 지속적으로 이루어진다면 교실, 학교의 문화는 물론 사회 전반에 변화를 가져올 것이다. 우리의 교육이 주로 'IN PUT' 위주의 문화였다면 'OUT PUT'과 절충하는 문화가 필요하다고 생각한다. 구체적인 효과는 하브루타와 관련된 서적을 참고하면 그 효과에 대해 자세히 알 수 있을 것이다.

교사 상호 간의 대화로 풀어 본 수업 고민과 해결 방안

교사의 질문 : 하브루타 수업을 하다 보면 서로 의견 조율이 안 되고 자신의 질문이나 의견이 좋다고 우기는 경우가 많다. 좋은 해결 방안은 무엇인가?

교사1 : 저학년 수업에서는 학생들이 질문이나 의견의 좋음, 적절함에 대한 판단력이 미흡하여 서로 자신의 질문이나 의견이 좋다고 주장하는 등 의견을 모으기 어려운 상황이 종종 발생한다. 이럴 때 교사는 지원자의 역할을 하면서 조율을 해 주어야 한다.

교사2 : 좋은 질문을 고르는 방법을 사전에 알려 주거나 좋은 질문이 무엇인지 생각하게 하는 등 좋은 질문에 대한 안목을 키워 주는 것이 중요하다. 아울러 학습 문제, 주제에 알맞은 질문이나 의견을 파악할 수 있는 핵심 단어를 제시하거나 교사의 평소 질문 습관을 통해 학생 스스로 좋은 질문, 좋은 의견에 대해 깨닫게 하는 것도 중요하다.

교사의 질문 : 대화 수업에서 중요한 것은 상대의 말에 경청하는 태도인데 경청이 잘 안 되는 경우 어떻게 하면 경청하고 집중하게 할 수 있을까?
교사1 : 평소에 교사가 먼저 학생의 말에 경청하는 태도가 중요하다. 경청하는 모델링을 통해 교사의 습관을 배우게 하는 것이 필요하다.
교사2 : 수업 시간 중에 경청하지 않는 아이는 다른 아이의 말을 들었는지 꼭 확인하는 모습을 보여야 한다. 자신이 경청하지 않으면 질문도 대답도 할 수 없음을 느끼게 해야 한다.
교사3 : 질문 꼬리잡기 놀이를 통해 질문과 대답을 하려면 상대의 말에 경청해야 함을 느끼게 하고 반복해서 습관이 될 수 있도록 하는 게 중요하다.

교사의 질문 : 시, 그림, 음악과 같은 예술 작품에 대한 감상 수업은 어떻게 하브루타해야 효율적인가?
교사1 : 감상 수업은 교사가 배경 지식을 먼저 가르쳐서는 안 된다고 생각한다. 학생들로 하여금 자유롭게 느끼고 표현하게 하는 것이 중요하다.
교사2 : 자유롭게 느끼는 것도 중요하지만 그러다 보면 너무 막연하고 수업 의도와는 맞지 않는 엉뚱한(?) 방향으로 가게 되는 경우가 종종 있다.

교사3 : 아이들이 작품을 감상하기 전에 교사가 감상 포인트, 관점을 이야기해 주는 것도 좋은 방법인 것 같다.

교사4 : 미술에서 그림을 가지고 질문을 만들어 짝 하브루타를 하고 가장 궁금한 질문으로 모둠 하브루타를 했더니 다양하고 창의적인 생각들을 풍성하게 나눌 수 있었다. 음악이나 시와 같은 텍스트도 적용할 예정이다.

교사5 : 작품을 통해 만들어 낸 질문으로 대화를 한 후에는 쉬우르 시간을 통해 수업에서의 중요한 방향, 맥락을 알 수 있도록 해 주어야 한다.

교사6 : 교사가 먼저 예술 작품과의 교류, 공감에 대한 체험이 이루어져야 한다고 생각한다. 교사의 경험만큼 좋은 가르침은 없기 때문이다.

교사7 : 예술 작품에 대한 감상은 표면적인 글자의 형식, 그림의 기법, 소리의 높낮이에만 집중하게 하면 안 된다고 생각한다. 교과서에 나와 있는 시, 음악, 그림과 같은 텍스트들을 기억하게 하려면 외형적인 느낌과 사고에만 제한해서는 안 된다. 진정한 감정 이입이 있어야 한다.

교사8 : 우리가 전문가의 시대에서 살고 있다면 우리 아이들은 통합의 시대에 살게 될 것이다. 요즘 교과 통합, 융합 수업을 권장하고 있지만 미래에는 지식 대통합이 필요할 것이다. 특히 예술 수업은 그림을 보고 음악을 듣는 차원을 뛰어 넘어 그림을 '듣고' 음악을 '보는' 창조적인 사고를 해야 한다고 생각한다.

교사들의 수업 고민과 대화 내용을 들어 보면 교사라면 누구나 갈등하는 내용들, 나의 문제가 너의 문제이고 우리 모두의 문제, 모두의 고민임을 알 수 있다. 그래서 누군가 마음속에 보관했던 고민을 꺼내는 순간 저마다의 경험과 이야깃거리들로 시간 가는 줄 모른다. 수업을 참관하는 것은 좋은데 협의회가 부담스러웠다는 교사들의 모습은 찾아볼 수가 없다.

'육안(肉眼)이 어두워져야 심안(心眼)이 밝아진다.'는 진리를 생각하며 나의 수업을 가장 잘 알고 있는 사람은 바로 나, 그리고 가장 잘 모르는 사람도 바로 나라는 모순을 수업 나눔을 통해 한 번 더 되새겨보게 되었다.

수업자의 수업 성찰

수업 고민을 질문으로 나누기

수업 고민을 대화로 해결방안 찾기

수업 고민과 경험 나누기

수업 대화(협의회) 모습

04
하브루타 수업 공동체의
실천 방향

나에게 '하브루타 질문 놀이' 수업이란?

2016년 학교 안 전문적 학습 공동체를 마치며 참여했던 교사들과 '하브루타 질문 놀이' 수업은 자신에게 어떤 의미가 있었는지를 한마디로 표현하고 나눌 기회가 있었다. 표현은 모두 달랐지만 하나같이 자신을 변화시키고 성장시킨 수업임을, 그래서 계속적으로 연구하고 적용·발전시키기를 희망하며 기대감을 나타냈다.

나에게 하브루타 질문 놀이 수업은 _____ 이다.

나에게 하브루타 질문 놀이 수업은 '희망의 동아줄'이다.(교사 정ㅇㅇ)

'생각의 노크'이다.(교사 강ㅇㅇ)

'교육의 키포인트'이다.(교사 정ㅇㅇ)

'새로운 선생님'이다.(교사 백ㅇㅇ)

'발견의 기회'이다.(교사 유ㅇㅇ)

'교실의 희망'이다.(교사 박ㅇㅇ)

'즐거운 수업으로 가는 마차'이다.

(교사 김ㅇㅇ)

'서로를 보여 주는 소통의 창'이다.

(교사 정ㅇㅇ)

'선생님이 달라졌어요'이다.(교사 고ㅇㅇ)

'학생중심 수업의 새로운 시도'이다.

(교사 장ㅇㅇ)

'나를 찾아가는 수업여행'이다.(교사 김ㅇㅇ)

'생각의 놀이터'이다.(교사 박ㅇㅇ)

'아이들의 생각을 여는 문'이다.(교사 임ㅇㅇ)

'수업의 종착역'이다.(교사 신ㅇㅇ)

'바로 이거다! 싶은 열쇠'이다.(교사 박ㅇㅇ)

'하브루타 질문 놀이' 수업에 대한 교사의 노력

T1 : 하브루타 질문 놀이를 꾸준히 하려면 어떤 노력을 해야 할까요?

T2 : 하브루타 질문 놀이를 모든 교과 수업에 적용하려면 어떤 노력이 필요하
　　　죠?

T3 : 하브루타 수업 공동체 활동은 내년에도 계속 이어지나요?

T4 : 하브루타에 대한 관심을 계속 가지려면 어떻게 해야 할까요?

하브루타 수업 공동체에 참여했던 교사들이 활동을 마무리하면서 했던 질문들이다. 교사들은 연수에 참여하는 동안에는 새로운 호기심과 열정으로 수업에 적용하고 연구하려는 마음이 생기지만 연수를 마치는 순간 하브루타 수업에 대한 관심이 적어질 것에 대해 우려를 나타냈다. 나역시 '하브루타 질문 놀이' 수업에 대한 관심과 노력이 꾸준히 지속되기를 바라는 마음이다.

한순간의 열정과 호기심으로 시작했다가 이내 사라지고 만다면 '하브루타 질문 놀이'는 수업의 방법, 기술의 일종이며 교수법의 한 부분으로만 여겨질 것이다. 그러나 우리 교육 현실에서 질문을 즐길 수 있는 놀이 문화로서, 학습자의 궁금증을 통해 의문을 제기하고 대화로 탐구·해결하는 의문식·대화식 수업 문화로서 '하브루타 질문 놀이'가 필요하다면 쉽게 사라지는 일은 없을 것으로 본다. 질문과 대화를, 협력과 소통의 중요성을 더 이상 강조할 필요가 없는 그날까지 다음과 같은 노력을 함께하면 좋겠다.

천천히,

조금씩,

그리고 꾸준히…

첫째, 하브루타, 질문, 놀이의 키워드와 관련된 책을 읽고 관련된 연수에 자주 참여하길 바란다. 너무도 당연한 말이지만 책을 읽고 연수에 참여하는 일은 꾸준한 노력이 필요할 때 가장 기본적인 에너지를 제공한다. 특히 교사가 학생이 되어 수업에 참여하는 실습 위주의 연수는 학습자의 입장에서 학생을 이해하고 소통할 수 있는 배움의 기회이므로 학생에 대한 감(感)이 떨어지려 할 때 재충전의 의미로 참여한다면 아이들과의 간격을 훨씬 좁힐 수 있을 것이다.

둘째, '하브루타 질문 놀이' 수업에서의 실패를 두려워하지 않으면 좋겠다. 트위터 본사에는 '내일은 더 좋은 실수를 하자.(Let′s make better mistake.)'는 문구가 걸려 있다고 한다. '더 좋은 실수'는 오늘과 같은 실수가 아니라 새로운 변화를 위한 노력 속에서 나오는 실수일 것이다.

나는 '하브루타 질문 놀이' 수업을 하면서 정말 많은 실패를 경험하였다. 그러나 이 실패는 말이 실패이지 수업을 완전 망쳤다는 뜻은 아니다. 아마도 만족하지 못했다는 표현이 더 맞을 것이다. 어제의 불만족스런 수업은 오늘 수업을 손톱만큼 자라게 하고 오늘의 만족하지 못한 수업은 내일 수업을 한 뼘 길이만큼 또 자라게 한다. 진정한 수업 실패는 교사로서의 정체성을 확인할 수 없을 때, 수업에 대한 냉정한 성찰이 없을 때, 아이들에 대한 관심과 고민이 없을 때, 언제나 생방송 같은 수업에 대해 긴장과 설렘이 없을 때 일어나는 법이다.

셋째, '하브루타 질문 놀이' 수업을 나눌 수 있는 수업 친구 모임을 만들어서 수업과 관련된 수다도 떨고 수업의 팁(tip)도 공유하길 바란다. 아울러 수업 친구 간에 수업 고민도 나누고 민낯의 수업을 서로 보여 주면서 자연스럽게 수업 문제를 해결할 수 있기를 기대해 본다.

'하브루타 질문 놀이' 연수에 참여했던 교사들은 말한다. 학생을 잘 가르치기 위해 연수에 참여했는데 자신이 먼저 바뀌었다고 한다. 질문으로 관심을 표현하고 대화로 소통하려는 노력을 하다 보니 변화시켜야 할 사람은 아이들이 아니고 바로 교사인 자신임을 알게 되었다고 한다.

바뀐 것은 없다. 단지 내가 달라졌을 뿐이다. 내가 달라짐으로써 모든 것이 달라진 것이다.

-마르셀 프루스트

교육은 보여 주는 일이라고 한다. 말로만 가르치는 교육은 이제 공허하다.

변화라는 못을 박기 위해 끈질기게 망치질하는 일, 걸림돌을 디딤돌로 바꾸기 위해 진흙탕에 옷이 젖는 일, 수없이 실패하더라도 희망의 끈을 단단히 부여잡는 일….

오늘도 작은 교실에서 햇빛 한 자락 움켜쥐고 쉼 없이 노력하는 선생님들이 있기에 내일의 교육은 밝고 따스하다.

앎을 삶으로 바꾸는 수업 문화

공부하면서 떠들면 안 된다.

→ 떠들면서 공부하는 건 괜찮다.

질문한다고 해결되는 건 아니다.

→ 해결하려면 질문을 해야 한다.

협력 학습을 한다고 모두 소통하는 건 아니다.

→ 소통하다 보면 협력하게 된다.

'하브루타'는 교육에 관한 사고의 역발상을 가능하게 한 키워드입니다. 오랫동안 굳은살처럼 딱딱해진 교육에 관련된 편견, 선입견, 고정관념을 말랑말랑 유연하게 만들었지요. 그러나 앞으로도 깨뜨려야 할 사고의 틀은 여전히 존재하기에 내면의 소리에 물음표를 달고 계속해서 성찰해 가려고 합니다.

아마도 '하브루타 질문 놀이' 수업을 테크닉으로만 접근했다면 내면의 변화까지는 기대하지 못했을 것입니다. 그리고 수업의 문화를 바꿀 수 있다는 생각도 하지 못했을 것입니다. 그러나 '하브루타 질문 놀이'를 통해 앎을 삶으로 바꾸는 과정, 책상에 앉아서도 일상생활을 그려내는 배움이 가능해졌습니다.

신영복 선생님은 "서(書)삼독(三讀), 책은 반드시 세 번 읽어야 한다. 먼저 텍스트를 읽고 다음으로 필자(筆者)를 읽고 최종적으로 독자(讀者) 자신을 읽어야 한다."고 말씀하셨습니다.

'하브루타 질문 놀이'는 이와 같이 세 번의 과정으로 진행되는 수업입니다. 처음에는 텍스트를 읽어 글의 내용을 이해하고 의미를 알아 갑니다. 그 과정에서 아이들은 질문으로 필자의 생각에 물음을 던지고 의문을 품습니다. 이어서 질문과 대화를 통해 아이들은 자신의 경험, 실생활과 연결시켜 삶 속으로 녹아들게 만듭니다. 배움이란 이처럼 앎이 삶으로 이어질 때 비로소 완성되는 것이라고 생각합니다.

책을 마무리하는 시점에서 보니 아쉬움이 남습니다. 과연 얼마만큼 현장의 교사들에게 도움이 될 수 있을까라는 생각이 들기도 합니다. 또한 현장에서 적용했던 실천 사례 중심으로 글을 쓰다 보니 저의 사견(私見)이 일반화된 생각과 수업 방식으로 비춰지는 것은 아닌가 싶어 조심스럽습니다.

하지만 서로 다른 생각을 공유한다는 것은 서로가 더 성장할 수 있는 디딤돌이 될 수 있다고 생각합니다. 서로에게 던지는 물음표들은 수업에 대한 관심이고 애정임을 또한 믿습니다.

마지막으로 파커 J.파머의 말로 제 마음을 대신하려 합니다.

교사의 삶이 지닌 내면 풍경을 살펴보는 것은 우리를 삶이 가진 외적인 풍경으로 되돌아가 기초를 다지게 하고 새롭게 해 준다. 우리가 소명을 받은 일터에 마음을 기울이면, 우리는 다시 학생과 동료, 학교와 우리가 살고 있는 세상을 사랑할 수 있을 것이다. 그 무자비하기만 했던 세상은 내면에서 나온 선물과 은총에게 자리를 양보할 것이다.

|참고문헌|

김태현(2014). 교사, 수업에서 나를 만나다. 좋은 교사.

김현섭(2015). 질문이 살아있는 수업. 한국협동학습센터.

전성수(2014). 최고의 공부법. 경향BP.

전성수(2014). 유대인 엄마처럼 격려+질문으로 답하라. 국민출판

전성수 · 고현승(2016). 질문이 있는 교실(초등 편). 경향BP.

전성수 · 양동일(2014). 질문하는 공부법 하브루타. 라이온북스.

유영만(2012). 생각지도 못한 생각지도. 위너스북.

이규철(2014). 수업 딜레마. 맘에드림.

조영남외(2006). 교육적 질문하기. 교육과학사.

필 매키니(2013). 질문을 디자인하라. 한경BP.

하브루타수업연구회(2015). 질문이 있는 교실(초등 편). 경향BP.

DR하브루타교육연구회(2016). 하브루타 질문 수업. 경향BP.

KBS 공부하는 인간 제작팀(2014). 공부하는 인간. 예담

Parker J. Palmer(2011). 가르칠 수 있는 용기. 한문화

Robert(Michele) Root-Bernstein(2013). 생각의 탄생. 에코의서재.

EBS다큐프라임(2015). 교육대기획 시험. 서울대 A+의 조건.